上海交通大学中国发展研究院
城市发展报告（第1辑）

**高质量发展的
中国城市格局**

陆铭 陈宪 夏立军
向宽虎 李杰伟 —— 著

强城时代

中信出版集团｜北京

图书在版编目（CIP）数据

强城时代 / 陆铭等著. -- 北京：中信出版社，
2023.5
ISBN 978-7-5217-5177-2

Ⅰ.①强… Ⅱ.①陆… Ⅲ.①城市经济－经济发展－研究－中国 Ⅳ.①F299.21

中国国家版本馆CIP数据核字（2023）第005506号

强城时代
著者：　陆铭　等
出版发行：中信出版集团股份有限公司
　　　　　（北京市朝阳区东三环北路27号嘉铭中心　邮编 100020）
承印者：北京利丰雅高长城印刷有限公司

开本：880mm×1230mm　1/32　印张：7.25　字数：118千字
版次：2023年5月第1版　　　　印次：2023年5月第1次印刷
书号：ISBN 978-7-5217-5177-2　审图号：GS（2023）0812号
定价：69.00元

版权所有·侵权必究
如有印刷、装订问题，本公司负责调换。
服务热线：400-600-8099
投稿邮箱：author@citicpub.com

目录

前言   V

第一章 新发展格局下的城市

> 我们希望中国城市发展展望能够用理论加数据的方式,把城市发展的趋势展现在读者面前,对每个人的选择乃至国家的未来有所助益。

发展与平衡的关系   004

城市和农村的关系   007

城市群和都市圈的关系   011

都市圈内部的中心和外围的关系   018

数据视野下的城市高质量发展   022

第二章　中国大城强城指数

中国大城强城指数的价值是，在人们普遍关注城市经济总量的同时，聚焦城市经济的效率、实力和潜力，为政界、业界和学界提供另一个观察城市经济发展质量的"窗口"。

大城强城指数的定位与价值	027
大城强城指数的指标与排名	029
大城强城指数的比较与分析	036
结论	049

第三章　制造业发展和中心城市作用

制造业景气先行指数能精准、高频、先行地反映制造业乃至宏观经济的景气状况，以便为实时、科学的宏观决策提供参考。

透过制造业景气先行指数看城市	075
新型劳动中介与劳动力市场一体化	080
构建制造业景气先行指数	088
新冠肺炎疫情冲击的影响及上海中心城市功能	100

结语：展望市场一体化进程与中心
城市功能　　　　　　　　107

第四章　中国县城发展

中国县城的发展，需要在经济和人口空间变局的大框架下进行思考，同时根据县城的地理、资源禀赋和产业的差异，因地制宜，实施差异化发展。

人口空间变局中的县城	116
相互分工的中国县城	120
从人口增减看中国县城	127
面向未来的县域城镇化	143
政策建议	150

第五章　中国城市资本活力指数

多维度评价城市竞争力，聚焦高质量发展，中国城市资本活力指数是对城市地区生产总值排名的有效完善和补充。

资本活力指数的定位与价值	156
资本活力指数的指标与排名	157

资本活力指数的比较与分析　　163
　　资本市场上的城市发展展望　　189

后记一　"大城强城"何来　　209
后记二　用研究展现现实，推进发展　　213
参考文献　　217

前言

或许中国今天正在进入一个"强城时代"。

从全国来看，中国经济整体上已经进入了高质量发展阶段。这并不是说中国经济已经完全实现了高质量发展，而是说在前几十年快速的经济增长过程中，有一些增长主要是数量扩张型的增长，但是增长的质量还有待提高。

在现代化发展的新阶段，国家的高质量发展有赖于城市的高质量发展。应该如何理解高质量呢？它既反映在单个城市的资源有效利用上，又反映在不同城市之间形成一个相互分工、优势互补的发展格局上。

关于城市的研究也要做到高质量发展，用数据来说话。于是我们萌发了一个想法，用一系列的数据和指数来评价中国城市高质量发展的状态。

回顾中国过去几十年的城市化和城市发展的道路，并展望未来，我们想说：

在前一阶段，中国的每一个城市都想把自己做大，不断地加大投资，建设新城和工业园。但其实大的城市并不一定强，小的城市如果找到自己的比较优势，也不一定弱。未来的城市高质量发展，应是大城市要做强，小城市也不要简单地通过做大来逞强。

希望我们所传递的这样一个思想，能够给所有关心中国经济高质量发展的读者，尤其是关心地方经济发展的朋友们一些启发。对普通读者来说，人生三件大事——就业、置业和投资，最重要的就是在城市之间做出选择。

第一章

新发展格局下的城市

在"十四五"期间，中国有很大可能在人均GDP（国内生产总值）水平这一指标上成为高收入国家。但与此同时，经济结构上存在的一些不合理现象，仍然制约着中国经济的高质量和可持续发展。作为一个发展中大国，必须从系统性的观点来看待中国城市化进程和城市发展格局，从而为下一阶段的中国经济发展注入体制性和结构性的活力。

当今世界各国的现代化发展，都是以城市群和中心城市作为主要空间载体的。在中国，人口正在向城市群和中心城市周围集中（陆铭，2022）。这个城市化和城市发展的进程涉及几组重要的关系，

> 在中国，人口正在向城市群和中心城市周围集中。

包括发展与平衡的关系、城市和农村的关系、城市群和都市圈的关系、都市圈内部的中心和外围的关系。每一个个体、每个地方的政府都在这几组关系之中进行决策。

本书主要用数据（包括大数据）手段来展现城市发展的格局及其规律。在此之前，我们先从理论上讲一讲规律背后的逻辑。

发展与平衡的关系

2019年8月，中央财经委员会第五次会议提出，要在发展中营造平衡。可以说，在涉及城乡和区域发展的所有问题中，发展与平衡的关系是统领性的，遭受的误解也最多。

> 发展和平衡是可以实现共赢的。

发展和平衡是可以实现共赢的。由于现代经济发展（特别是制造业和服务业）具有强大的规模经济效应，与此同时，人口和经济活动在少数地区集中所造成的拥堵和污染问题能够得到有效的治理，因此，经济和人口从农村向城市集中，从小城市向大城市周围的都市圈集中，成了世界范围内普遍存在的现象。在此过程中，平衡应着眼于城乡之间和地区之间在人均 GDP、人均实际收入和生活质量方面的均等化，而人口的自由流动则能保证这种均等化，达到一种"空间均衡"状态。虽然最终人均 GDP 在城乡间和地区间未必能达到绝对均等，但是考虑到在相对发达地区的生活成本更高，因此能够实现城乡间和地区间人均实际收入和生活质量的均等化。这就是"在集聚中走向平衡"的模式，也是"在发展中促进相对平衡"的道路（陆铭，2022）。

在新的发展格局之下，"在发展中促进相对平衡"的实现需要改变传统的思维方式。传统的农业经济和计划经济思维总是将现代经济的集聚特征理解为区域经济发展不平衡，而实际上，传统思维下的"平衡"追求的仅仅是经济和人口的均匀分布，甚至将集聚效应表述为带有感情色彩的"虹吸效应"。于是，这就造成了集聚和平衡之间的矛盾，甚至导致人们认为市场经济之下实现的经济集聚仅仅能够实现经济效率（而忽视了平等，催生了效率与平等的矛盾）。由此人们又进一步认为，在政策上应该动用行政手段促进不同地区之间的平衡发展，从而又导致了市场与政府的矛盾。

中国当代行政管理体制之下的部分政府行为模式也在阻碍发展和平衡的共赢。长期以来，地方政府以最大化本地的招商引资、GDP增长和税收为目标，因此与经济向少数地区的集聚天然是矛盾的。在人口流入地，社会保障和公共服务主要由地方财政来支持，因此人口流入地地方政府缺乏为外来人口提供均等化的公共服务和社会保障的激励。与此同时，一段时间以来，在人口流出地建设了大量的工业园和新城等基础设施，事后出现大量闲置，投资回报率低下，这又转化为了地方政府和企业巨额的负债。

为了实现发展和平衡的共赢，需要通过经济的集聚保证效率，并提升整个国家的竞争力，同时，在城乡间和地区间关系上，必须将平衡的理念从追求经济和人口的均匀分布转为追求在人均发展水平上的趋同。通过促进人口等生产要素更为自由合理地流动，逐步在集聚中走向平衡，在发展中促进相对平衡。

城市和农村的关系

城市化的进程,本质上就是农村人口不断进城的过程。在经济发展水平不断提高的过程中,城市地区集聚了制造业和服务业,不断创造就业岗位,为农村进城人口提高收入水平和改善生活质量提供了越来越多的机会。

以人为本的发展,应该尊重城市化和城市发展的客观规律,尊重个人选择。虽然中国的城市化率从改革开放之初的18%提高到了2021年的65%,但是如果和世界上相近发展阶段的其他国家的平均水平相比,中国的城市化率低大约10个百分点的状态持续了很长时间。与同属于东亚文化圈的日韩两国历史同期相比,中国的城市化率低了将近15个百分点(钟粤俊、陆铭、奚锡灿,2020)。未来如果中国花大力气推进人口城市化,将形成巨大的发展动力,使得城市和农村同时获得更好、更快的发展。

> 以人为本的发展,应该尊重城市化和城市发展的客观规律,尊重个人选择。

从农村这边来看,人口的流动将出现分化。一部分人群自愿迁往城市地区工作和生活,追求更高的收入。与此同时，另一部分人群自愿留在农村地区，留守人群在农村发展农业、旅游、自然资源等产业的时候，他们的人均资源占有量也将提高，农业生产出现规模化和现代化，农民的收入提高，这是一条在城市化进程中的共同富裕之路。不仅如此，随着农业规模化和现代化的推进，农业生产的平均成本将下降。在国际市场上，中国农产品的价格竞争力将有所提高，中国对其他国家农产品进口的依赖程度将有所下降。我们近期的研究估算表明，如果中国的农场面积可以达到相似发展阶段的其他国家的平均水平，那么中国农产品的净进口可以下降89%，农民收入也将有大幅度提高，农业和农村也不会再像今天那样需要巨额补贴（徐灏龙、陆铭，2021）。

在城市这一端，人口的老龄化和少子化造成了劳动力逐步短缺的现象。如果城市化能够持续推进，让城市地区的制造业和服务业获得源源不断的劳动力，将使得中国在未来20年的时间里仍然能够延续人口红利。从劳动力的结构来看，城市地区的产业升级，不仅需要大量高技能劳动力，也需要大量低技能劳动力从事生产环节里的辅助性工作以及生活服务业工作，从而有利于创造就业和缓解贫困。这就是高技能劳动力和低技能劳动力之间存在"技能互补性"的含义。如果看到这个趋势，那么在城市化进程中近4亿外来人口在其所居住城市市民化就是急需解决的问题，这会最终使得中国居民在哪里就业就在哪里居住，并获得平等的社会保障和公共服务，户籍制度逐渐成为常住地登记制度。

更为顺畅的城市化进程还将有利于实现国内国际两个循环相互促进。从国内来说，外来人口在城市的安居乐业，将释放巨大的消费需求。根据我们的研究，城镇地区外来人口比本地人口人均消费低16%—20%（Chen, Lu, and Zhong, 2015）。户籍制度的改革，如果能够让城市外来人口的消费得到释放，将极大提升内需，特别是服务业需求。与此同时，大量城市外来人口本身就是服务业劳动供给的主体，这样一来，中国经济中服务业占比偏低的结构性问题也会得到有效的解决，有助于形成以内循环为主、国内国际双循环相互促进的

> 更为顺畅的城市化进程还将有利于实现国内国际两个循环相互促进。

新发展格局（钟粤俊、陆铭、奚锡灿，2020）。

在城市化进程中，应理性对待农村地区出现的"空心化"现象。只有在农村人口进一步减少的过程中，农业才能实现规模化和现代化，留守人口的人均收入才能提高，农民才可能成为有吸引力的职业。当前出现的农村地区大量留守人员是老人、妇女和儿童的现象，不能简单归因于城市化进程，而应看到这是由于长期以来的城乡分割制度，导致城市地区难以让农村进城人口举家迁移。减少农村发展的空心化带来的社会问题，要改革的是制约城市化的制度，而不是通过城市化的倒退来让人口回到农村。

在未来的农村土地制度改革方面，中央已经提出继续延长农业用地的承包经营权。除此之外，城市化进程和农村人口的减少，必然要求农村宅基地制度深化改革。一部分地理位置较好，或者有文化旅游价值的宅基地能够得到有效利用。其余大量的农村宅基地将逐渐闲置和荒废，最终只能通过逐步拆除并将宅基地复耕为农业用地，使相应的建设用地指标在地区之间流转起来。在此过程中，进城的农民要在城市有就业、有社会保障并且自愿的前提下，有偿地放弃在农村的宅基地。要看到，即便在当前情况下，大量闲置和荒废的农村宅基地也不能承担社会保障的功能。进城农民需要的是在现代化的进程中在城市地区获得社会保障，包括养老、医疗和保障房等。即使失业了，也应该有在城市地区的失业保障。不能只是原有的城市户籍人口享受现代化进程，而让农民返乡作为城市发展的"蓄水池"和消化城市风险的"稳定器"。让进城就业和居住的农民能够平等地享受现代化的成果，才是符合社会主义核心价值观的发展。而牺牲农民利益的城市化不是以人为本的发展，让农民返乡也谈不上是保护农民。

城市群和都市圈的关系

当前中国已经进入由城市群带动的区域经济发展新阶段。未来京津冀、长三角和粤港澳三大城市群，将成为引领中国经济发展的三个引擎，成为世界级的城市群。成都、重庆一带的城市群，将发展成为中国城市群的第四极。武汉、郑州、西安等其他国家级中心城市将各自带动周围城市形成区域性的城市群。不同的城市群由于发展条件的差异,各自的城市群量级和辐射范围也各有差异。中国城市群的布局和发展路径方面争议不大,而城市群内部一体化所面临的思维和政策障碍则比较多。在城市群发展过程中要处理的本质上就是中心城市及周边形成的都市圈和城市群内部其他中小城市之间的关系。

城市群内部的良性发展状态是既要有大城市,也要有小城市,不同城市之间存在相互的分工,产业结构根据自身的发展条件出现差异化。城市之间既有竞争也有合作,合作大于竞争。但是,由于对平衡发展的误解,以及地方官员追求本地经济增长、招商引资和税收的最大化,导致在城市群发展中也出现了均匀发展的诉求。一方面,人们认为城市群内部的中小城市应该从中心城市承接更多的产业,另一方面又认为中心城市向外的产业疏散是实现城市群内部平衡发展的路径。在本质上,城市群内部的大小城市之间的关系,仍然涉及集聚和平

> 城市之间既有竞争也有合作,合作大于竞争。

衡之间的关系。从理论上讲，如果不同规模的城市之间的功能是互补的，那么核心城市的经济越强大，对外围中小城市的经济带动作用越强。中心城市更多地承担着研发、设计、金融、贸易等功能，邻近的中小城市更多地承担着制造功能，更远一些的城市则更多地承担着农业、旅游和自然资源等功能。如果人口等生产要素自由流动的话，城市群内部不同规模的城市也将迈上"在集聚中走向平衡"的道路。同样的道理，对地处城市群相对外围的地区而言，追求的应该是差异化的发展道路，以及在人均水平上缩小与中心地区的差距。习近平总书记在2020年8月视察安徽的时候召开的扎实推进长三角一体化发展座谈会上指出："一体化的一个重要目的是要解决区域发展不平衡问题。"不同地区的经济条件、自然条件不均衡是客观存在的，如城市和乡村、平原和山区、产业发展区和生态保护区之间的差异，不能简单、机械地理解均衡性。解决发展不平衡问题，要符合经济规律、自然规律，因地制宜、分类指导，承认客观差异存在，不能搞一刀切。

在城市群发展过程中，中心城市及其周边地区将形成相互紧密连接的"通勤圈"，并形成带动整个城市群发展的增长极。根据不同的发展条件和功能定位，中国将在未来形成几十个围绕着中心城市、半径在30—80千米不等的都市圈。这些都市圈的人口都将持续增长，相应地，应该启动以都市圈为单位的城市规划，突破既有城市间甚至省之间的行政边界，推进都市圈范围之内的一体化建设，包括基础设施、公共服务、政策等方面的一体化进程。

当前的都市圈发展需要避免两个在既有行政管理体制之下出现的不良倾向。第一，有一些都市圈应该做得更大，却碰到了行政管辖边界的障碍。围绕上海和深圳建设的都市圈，就是这样的典型。这类大都市圈围绕着特大和超大城市，需要随着人口和经济活动的集聚，发展成跨越行政管辖边界的大都市圈，需要突破既有的以行政管辖范围为界限的城市规划，在都市圈范围之内规划人口、土地、基础设施建设和公共服务提供等。在都市圈的核心城市，需要进一步解放思想，放松对人口和土地的管制，服务于中心城市的增长及功能。与此形成对照的是另一种情况，那就是一些大中城市自身的经济体量不够大，对人口的吸纳能力也不够强，却在传统的最大化本地GDP和税收动机之下盲目做大，最终可能导致投资过度、回报低下。

从经济一体化的角度来看，都市圈的地理范围主要取决于都市圈之内的经济规模和人口规模，其中，起决定性作用的是经济规模，而决定经济规模的主要是中心城市的地理区位、科技水平等综合发展条件。因此，都市圈的经济规模决定了都市圈一体化的规划和建设范围。虽然在技术条件上，当今中国所具有的地铁和城际铁路技术能够使得在50甚至80千米范围之内实现一小时通勤，但如果在都市圈的规划建设方面进行相关投资，就需要慎重考虑几十年后都市圈范围之内的人口和经济活动承载量，避免出现投资过度超前。

从当前及未来的一段时间来看，在上海、北京及毗邻地区半径50—80千米范围之内的都市圈，人口完全有可能集聚到4 000万以上。在广佛一体化和深莞一体化形成的都市圈范围之内，人口也有可能达到 3 000 万以上。在这些以一线城市为核心的都市圈建设中，要充分预估未来人口集聚趋势，加快建设适应经济和人口增长趋势的密集的网络化的轨道交通网，尤其是要在省级和城市级边界地区尽早规划跨越行政边界的轨道交通。以上海和东京毗邻地区的都市圈发展进行对比，可以看到两者的差距。东京都市圈面积达 1.3 万平方千米，轨道网全长超过 2 750 千米，虽然其中地铁仅约 300 千米，其余大量是城际铁路，但均发挥着一体化通勤的功能。中国的城市化晚于日本，地铁发展得更好：上海的轨道交通全网络运营里程是 831 千米，苏州城市轨道交通运营里程是 254.2 千米，其中包括地上里程。如果再加上上海与毗邻城市之间的铁路里程（约 676 千米），甚至拓展到"上海大都市圈"范围（约 778 千米），仍然可以看到，在都市圈可比范围内来看轨道网，上海都市圈还有很大建设空间，其中的建设洼地就在省际边界的两边。

　　除了几个一线城市及毗邻地区的都市圈，其他城市建设都市圈应进行中期和远期人口集聚规模和人口流量的科学评估。在当前已经出台的几个都市圈规划中，南京都市圈的面积达到6.6万平方千米，不仅跨越了江苏和安徽省的边界，而且跨越了长江。重庆都市圈更是把位于四川的广安市全域纳入，跨越了省级边界，规划的面积达到了3.5万平方千米。应该看到，即使是全球第一大的东京都市圈，其范围也仅为1.3万平方千米，其中还有大量山地，集聚的人口数量为3 700万。因此，在我国的都市圈规划和建设过程中，除了几个一线城市及毗邻地区建设的都市圈，其他都市圈应避免出现基础设施投资规模过大，特别是要避免轨道交通投资过大而未来需求不足的情况。考虑到已经出台的都市圈规划以及未来将出台的都市圈规划有可能越来越多地跨越省级或者市级行政边界，有必要在当下就对地方上可能出现的硬件投资超前保持警觉。对地铁、城际铁路、高速铁路等基础设施的建设要在国家发展和改革委员会层面进行严格的论证和审批。在规划面积大的都市圈，中心城市和外围之间应主要建设城际铁路和高速公路，而不是地铁。

同时，也要看到，在我国当前体制之下，省际边界对区域经济一体化具有重要的制约作用，跨省都市圈的建设有利于打破行政管理边界，促进区域经济的一体化。因此，在规划建设中出现超大的都市圈，是中国现有行政管理体制下难以避免的现象，也有其积极意义。对于已经出台和即将出台的都市圈规划建设，如果面积超大，应更注重在软的制度方面促进中心城市与毗邻地区的一体化，将超大规模的都市圈规划存在的隐忧变成机遇。

都市圈内部的中心和外围的关系

随着都市圈的概念得到决策者的重视，都市圈的中心城市如何发展，尤其是它的郊区部分如何发展，逐渐成为需要破局的问题。

从现状来看，在有可能建成都市圈的北京、上海等地，中心城市的郊区仍然有大片的农田和绿地，中心城市与都市圈范围内的中小城市也没有紧密连接。相比之下，在东京都市圈距离市中心50千米范围之内的地方，城市是连片发展的，同时，轨道交通由中心城区向外呈网状布局，人口沿着轨道交通线路布局，并且人口密度沿着轨道交通梯度下降。

对于上述差异，规划者常常提出，在中国城市郊区保留大片农田和绿地，是为了防止城市无序蔓延。但如果换一个看问题的角度，都市圈概念之所以有实际的意义，就是因为在50甚至80千米半径范围之内的城市之间存在紧密的联系，它是核心大城市巨大的规模经济效应所催生的结果。既然如此，中心城市和周边的中小城市之间就存在大量互动的需要。既可能是中心城市的现代服务业要服务于周边城市的制造业，也可能是周边城市为中心城市工作人口提供居住和生活服务。事实上，都市圈的定义本身就是，以中心城市为核心，紧密连接周围其他中小城市的日常通勤圈。

给定都市圈的定义和功能，在核心大城市郊区保留大量农田和绿地，势必导致以下几个结果。第一，外围地区（比如昆山）和中心城市（比如上海的中心城区）之间，必然形成一个巨大的隔离带，结果是增加了外围地区和中心地区之间的通勤成本。

第二，在中心城市的郊区一定会形成相对的发展洼地，比如上海的青浦区，当地仍在发展农业。隔壁的昆山仅仅因为不属于上海管辖，就可以发展制造业，并且建有大量住宅。事实上，在中心城市持续集聚产业和人口的需求之下,在郊区保留过多农田,还会造成城市整体上的住房供应不足,房价高企。

第三,一定会产生轨道交通网络化和郊区土地低效利用之间的矛盾。一方面,轨道交通网络化是都市圈发展和区域经济一体化的必然要求,顺应了都市圈外围和中心城市之间频繁通勤的需要;另一方面,如果在中心城市的郊区仍然保留大量农田和绿地,就意味着在大城市郊区,轨道交通沿线经过的是农田和绿地,无论是轨道交通线自身还是沿线土地的价值均未能得到充分的利用。未来,如果都市圈范围内轨道交通线进一步网络化,而中心城市的郊区走建设用地减量供应的道路,上述矛盾只会加剧。

造成上述现象的本质原因在于中国传统的城市规划体系与现代化城市发展的规律之间存在矛盾。传统的城市规划体系是以直辖市或地级市的行政管辖边界为单位的,人口、土地、基础设施、公共服务等规划都是如此。问题是,每一个城市是有差异的,在中国一线城市面向全球城市和都市圈发展的愿景之下，这些城市必须成为区域经济增长和一体化的引领者。既然如此，就不如以都市圈规划覆盖既有的以行政管辖范围为界的城市规划，不必对中心城市采取过严的城市建设用地总量和用途规制。事实上，对于大城市的发展，国际上越来越强调紧凑和高密度，如果经济发展和人口增长需要，城市面积适当扩张伴随着高密度的建设，并不会被认为是城市无序蔓延。

面向未来，在中国的一线城市建成国际化的都市圈的愿景之下，中心城市和周边的中小城市之间将形成更为紧密的连接，相互之间将有更加高密度和快速度的轨道交通网络进行连接，相互之间的通行将更为便捷，外围越来越多的人口将在中心城市就业。这样一来，轨道交通沿线的土地开发强度有必要加强，这既能提高城市土地的经济密度，也能够为更多工作在中心城区的人口提供相对接近工作地点的居住场所，减少长距离的通勤。与此同时，连片发展也并不意味着所有的土地都用于城市建设。在网络状的轨道交通线之间，适当布局郊野公园，可以兼顾城市的生态保护和宜居发展。

> "规划要为发展服务",这里的"发展"兼顾了城市的活力、便捷和宜居几个目标。

"规划要为发展服务",这里的"发展"兼顾了城市的活力、便捷和宜居几个目标。当下要解决的问题是,在中心城市的郊区要找到几个目标之间最佳的结合点,不能因为单一地强调生态而因噎废食。上海近年来在与江苏、浙江毗邻地区建设长三角一体化示范区,并提出要建设"五个新城",便是打造上海与毗邻地区一体化发展的都市圈的重要举措。

数据视野下的城市高质量发展

理论逻辑是抽象的,而数据能够把城市的发展具象化。这是我们这本书的目标。

由陈宪教授领衔的大城强城指数研究,试图通过简洁而有力的指标,刻画出城市高质量发展的状态,在大城市之间比较出生产要素利用效率的差异。但是正如我们所说的那样,在城市群内部,中心城市所起的作用是带动整个城市群内不同规模的城市共同发展。由向宽虎博士领衔的制造业景气先行指数研究,既能在总体上刻画制造业的发展趋势,也能够反映城市群和城市层面的制造业状况。读者将看到，在2022年3月上海新冠肺炎疫情大规模暴发期间，长三角甚至珠三角的城市都受到了严重的经济冲击，恰恰体现出了上海作为经济中心城市的强大功能。

城市群作为一个整体，不仅需要强大的中心城市，也需要为数众多的中小城市，与大城市一起构成优势互补的区域发展格局。由李杰伟副教授领衔的县城发展研究，以车流大数据展现出了城市群发展格局，又以区县级的人口普查数据为基础，展现出了不同区位的县城在人口规模上的分化。事实上，随着人口向中心城市周围集中，每一个城市群内部都出现了距离中心城市较近地区的人口增长和相对偏远地区人口减少的分化。理解不同区位的县城如何发现各自的比较优势，并实施不同的政策来适应差异化的发展，将是未来中国县城发展最为重要的主题。

在全国统一大市场建设的进程中，各种生产要素在地区之间将逐步实现合理流动和高效集聚。其中，相对来说，更为市场化配置的资源是资本。由夏立军教授领衔的城市资本活力指数运用上市公司数据，展现了各个城市的资本活力，从中可以看到，通过用脚投票和市场筛选，资本对全国各个城市的高质量发展给出了综合评价。

生产要素的市场化配置和生产要素更为有效的利用，将使得城市高质量发展呈现出差异化的格局，无论是"大城强城"还是县城，都是如此。在未来，企业的投资决策和个人的置业、就业决策，将在全国范围内对城市的综合发展质量进行投票。对地方政府来说，科学把握区域和城市发展的规律，为本地发展找到一条更为可持续的道路，的确是场巨大的考验。但也只有直面这场考验，勇敢拥抱全国统一大市场的未来，整个中国经济才有可能实现做大做强的宏伟目标。在这个意义上，我们希望中国城市发展展望能够用理论加数据的方式，把城市发展的趋势展现在读者面前，对每个人的选择乃至国家的未来有所助益。

第二章

中国大城强城指数

在当前以及未来，大城市将引领中国经济和社会的高质量发展。单纯靠人口、资本、土地等生产要素数量积累来推动增长的模式已经逐渐走到了尽头，下一阶段的城市竞争，将是资源的利用效率、城市发展的可持续性以及生活品质的竞争。在此背景下，中国大城强城指数（China Major Power City Index，CMPCI）应运而生。

> 下一阶段的城市竞争，将是资源的利用效率、城市发展的可持续性以及生活品质的竞争。

大城强城指数的定位与价值

城市是区域经济的节点和枢纽，城市间竞争与合作是推动经济增长的重要源泉。为了评价城市经济发展水平、潜力及其动态变化,各种关于城市的排行榜应运而生。从最简版的按城市生产总值(以下以GDP指代)排名,到由数十个指标构成的竞争力排名,还有各种专项排名,不一而足。

以GDP论英雄,显然有其局限性。但GDP及其增长,无论如何是现阶段观察一个国家或城市的核心指标,评价城市经济发展水平和潜力是绕不开GDP这个指标的。为此,构建一个以GDP指标为基础,以均值指标为主的中国大城强城指数,多维度评价城市经济,聚焦高质量发展,并与GDP排行榜做一个比对,发现大城中的强城,有着显而易见的意义。对于一些够大但不够强的城市,或许可以展现出未来发展的巨大潜力。

中国大城强城指数是对城市GDP排行榜的一个补充和完善,一如联合国人类发展指数是对各国GDP排名的补充和完善。

中国大城强城指数的价值是,在人们普遍关注城市经济总量的同时,聚焦城市经济的效率、实力和潜力,为政界、业界和学界提供另一个观察城市经济发展质量的"窗口"。

大城强城指数的指标与排名

中国大城强城指数主要从生产要素效率、技术创新能力、人才存量和人均GDP等维度评价城市经济发展水平、质量和潜力。其中，生产要素效率又从劳动、土地和资本三个方面进行单位投入产出效率的评估。根据数据的客观性、可比性和可获得性，大城强城指数共设6个指标，见表2-1。

表2-1　中国大城强城指数指标体系

指标定性	指标名称	指标解释和单位
劳动的效率	劳动生产率	单位劳动力创造的GDP，万元
土地的效率	土地生产率	每平方千米土地创造的GDP，亿元
资本的效率	资本生产率	单位资本存量创造的GDP，元
技术创新能力	万人专利授权量	专利授权量/常住人口，件/万人
人才存量	人才比例	大学文化程度（指大专及以上）人口/常住人口，人/百万人
人均产出	人均GDP	GDP/常住人口，元

注：所有数据的具体来源请参见本章附录。

劳动、土地和资本是经济活动的三个基本生产要素。这里的劳动即人力资源，包括劳动和人力资本；土地生产率是反映土地生产能力的指标，原多用于表示单位土地面积生产的农产品产量或产值，现常用于表示每平方千米土地面积创造的GDP；资本生产率内生技术的作用，资本生产率的高低与技术的贡献有关；每万人授权专利数量，反映城市的技术创新能力；百万人口中大学文化程度以上人口衡量城市的人才（人力资本）存量，反映城市发展的潜力；人均GDP是经济活动的结果，是一国一城经济实力的集中体现。

受主客观因素影响，一个指数中的个别指标难免存在缺憾。在大城强城指数的指标体系中，土地生产率和人才比例就存在这种情况。土地生产率的分母是城市行政区划面积。因为历史的、行政的或区位的因素，少数城市的行政区划面积存在过大或过小的问题，影响其土地生产率的正常表现。例如，重庆市行政区划面积是8.24万平方千米，比海南省、宁夏回族自治区的行政区划面积还要大。如果按照重庆市的行政区划面积计算其土地生产率，显然是不合理的。因此，本章采用重庆市主城都市区面积

（2.87万平方千米）计算其土地生产率。我们曾考虑用城市建成区面积计算土地生产率，但我国目前并没有标准和口径一致的城市建成区面积。[①]又如，人才比例即大学文化程度（指大专即以上）人口与全部常住人口之比（简称"大学生占比"）是人口普查中的一个指标。因为中国超大和特大城市的户籍制度及积分落户制度对于低教育水平的劳动者有一定的排斥作用，该比例在一些超大和特大城市可能存在高估的情况。从另一个角度来看，因为一个大城市的产业结构有大量服务业（尤其是生活服务业），对低学历的劳动力有大量需求，所以，一旦户籍制度等因素对劳动力跨地区流动的影响逐步降低，当前大学生占比高的城市就可以进一步释放发展动能。因此，虽然大学生占比这一指标并不完备，但我们仍将其作为反映城市发展潜力的正向指标。

[①] 有专家建议我们查找土地的遥感数据，里面有城市建设用地的数据，这在一定程度上可以弥补行政区划面积的不足。今后我们再次发布大城强城指数时，拟采用土地的遥感数据。对其他指标，我们也曾产生过适当调整口径的想法，但经反复测算，最后还是放弃了。既然现在都是从公开渠道获得的数据，那么就干脆尽可能不加入主观的因素。

未来等数据和分析手段更加完备时,我们将再对此做深入评估。

根据目前我国城市经济发展的总体状况,GDP达到5 000亿元可视为大城的"门槛",强城的起点。因此,选取参与排名的城市为当年GDP总量在5 000亿元以上的城市。2021年有54个城市。大城强城指数会为这些城市发展的效率、质量和潜力排座次。

中国大城强城指数的计算方法是,首先根据可获得的公开数据计算各城市的这6个指标,并从高到低排序,具体见表2A-2至表2A-7。各城市在各指标上排位相加的和即指数值。指数值从低到高排序,得到"2022年中国大城强城指数排行榜"(见表2-2和表2A-1)。指数值相等的城市并列某个位次。中国大城强城指数指标简洁,算法简单,信息量大。

表2-2　2022年中国大城强城指数排行榜

城市	指数排名
上海市	1
北京市	1

(续表)

城市	指数排名
深圳市	3
南京市	4
苏州市	5
无锡市	6
广州市	7
杭州市	8
武汉市	9
常州市	10
宁波市	11
厦门市	12
佛山市	13
青岛市	14
济南市	15
长沙市	16
扬州市	16
东莞市	18
嘉兴市	19
南通市	19
天津市	21
合肥市	22
郑州市	23
福州市	24
绍兴市	25
成都市	26

（续表）

城市	指数排名
泰州市	27
泉州市	28
太原市	29
榆林市	30
大连市	31
西安市	32
南昌市	33
宜昌市	34
烟台市	35
沈阳市	36
金华市	37
台州市	38
徐州市	39
温州市	40
重庆市	41
昆明市	42
唐山市	43
盐城市	44
襄阳市	45
漳州市	45
长春市	47
潍坊市	48
石家庄市	49
洛阳市	50

（续表）

城市	指数排名
哈尔滨市	51
济宁市	52
南宁市	53
临沂市	54

上面这个排名，可能会有些出人意料。但请注意，人们的固有印象，往往是根据城市的GDP规模和人口规模而形成的。而我们的指数，如果和读者的印象完全一致，反而不能体现这一工作的价值了。中国的城市，不管是地级市还是直辖市，都是一个行政辖区，面积动辄上万平方千米，人口上千万甚至2 000万，因此，简单从辖区内的GDP和人口规模来看城市存在严重的不足。大城强城指数中一些出人意料的发现，恰恰在引导我们关注那些使得城市大而不强的方面。为此，我们不妨做些深入的比较分析。

> 大城强城指数中一些出人意料的发现，恰恰在引导我们关注那些使得城市大而不强的方面。

大城强城指数的比较与分析

表 2-3　中国城市GDP排行榜与大城强城指数排行榜的对比

城市	GDP排名	大城强城指数排名
上海市	1	1
北京市	2	1
深圳市	3	3
广州市	4	7
重庆市	5	41
苏州市	6	5
成都市	7	26
杭州市	8	8
武汉市	9	9
南京市	10	4
天津市	11	21
宁波市	12	11
青岛市	13	14
无锡市	14	6
长沙市	15	16
郑州市	16	23
佛山市	17	13
济南市	18	15
合肥市	19	22
福州市	20	24
泉州市	21	28
南通市	22	19

（续表）

城市	GDP排名	大城强城指数排名
东莞市	23	18
西安市	24	32
常州市	25	10
烟台市	26	35
唐山市	27	43
徐州市	28	39
大连市	29	31
温州市	30	40
沈阳市	31	36
昆明市	32	42
长春市	33	47
厦门市	34	12
潍坊市	35	48
绍兴市	36	25
扬州市	37	16
南昌市	38	33
盐城市	39	44
石家庄市	40	49
嘉兴市	41	19
泰州市	42	27
台州市	43	38
临沂市	44	54
洛阳市	45	50
榆林市	46	30

(续表)

城市	GDP排名	大城强城指数排名
金华市	47	37
哈尔滨市	48	51
襄阳市	49	45
太原市	50	29
南宁市	51	53
济宁市	52	52
漳州市	53	45
宜昌市	54	34

体现中国城市的发展态势

对比城市GDP排行榜与大城强城指数排行榜（见表2-3）可见，有17个城市在两个榜单的排位基本相同；有19个城市的GDP排名高于其大城强城指数排名；有18个城市的大城强城指数排名高于其GDP排名。对比显示，大多数城市的大城强城指数排名与其GDP排名保持较高的相关性，也符合大众对城市经济发展水平的判断。例如，北、上、广、深4个一线城市，及南京、苏州、杭州、武汉等经济强市仍处于排行榜前列，是我国名副其实的强城。由于大城强城指数主要考虑反映效率和质量的均值指标,一些城市的排名与其GDP排名出现了明显的差异。例如,重庆GDP排名位列第5,在大城强城指数排行榜上仅位列第41。相反,GDP排名第14的无锡,大城强城指数排名第6;GDP排名第25的常州,在大城强城指数排行榜上进入了前10(见表2-4与图2-1)。

表2-4　2021年GDP与大城强城指数排行对比情况

指数排名 相对GDP排名基本不变	指数排名 高于GDP排名	指数排名 低于GDP排名
北京市、大连市、广州市、哈尔滨市、杭州市、合肥市、济南市、济宁市、南宁市、南通市、宁波市、青岛市、上海市、深圳市、苏州市、武汉市、长沙市	常州市、东莞市、佛山市、嘉兴市、金华市、南昌市、南京市、厦门市、绍兴市、台州市、太原市、泰州市、无锡市、襄阳市、扬州市、宜昌市、榆林市、漳州市	成都市、福州市、昆明市、临沂市、洛阳市、泉州市、沈阳市、石家庄市、唐山市、天津市、潍坊市、温州市、西安市、徐州市、烟台市、盐城市、长春市、郑州市、重庆市

注:排行变化范围在0—3名为不变或基本不变。

大城强城指数加入了均值指标,综合考量城市经济发展的主要因素。在前10名城市中,上海、北京、南京、广州四个城市各个分项指标都在前15

中国地图

图2-1 中国城市GDP排行榜与大城强城指数排行榜对比

名,说明这些城市不仅综合实力强,发展也相对均衡。部分城市出于不同的原因被某项均值指标拉低了名次。例如,地域面积较大的城市,土地生产率排名往往靠后,使其在大城强城指数方面的排位有所降低。又如,有些城市因行政区划调整,常住人口和地域面积增加,但创造产出相对滞后,故人均GDP、劳动生产率和土地生产率都受到了影响。大城强城指数排名显著低于GDP排名的城市,在不同程度上反映出其经济在高质量发展方面存在短板,但也说明这些城市有着较大的发展空间，我们希望这些城市能从这个指数中找到高质量发展的努力方向。

反映中国城市的空间特征

在空间分布上，我国城市发展在东部、中部、西部和东北，以及南方与北方，表现出较大的差异。在2021年GDP榜单的54个城市中，东部35个，中部9个，西部6个，东北4个（见图2-2）；南方34个，北方20个（见图2-3）。在GDP排行前20位的城市中，东部14个，中部4个，西部2个，东北没有；南方15个，北方5个。在大城强城指数排行前20的城市中，东部18个，中部2个（即武汉和长沙），西部和东北没有；南方17个，北方3个（即北京、青岛和济南）。由此说明，一段时间以来，我国城市规模扩张的速度快于发展质量的进步。与发展规模相比，在城市发展质量上，东部与中部、西部、东北，南方与北方，有着更大的差距。这种状况恐怕在很大程度上与中部、西部、东北的城市更注重投入，相对忽视发展的质量与可持续性

中国地图

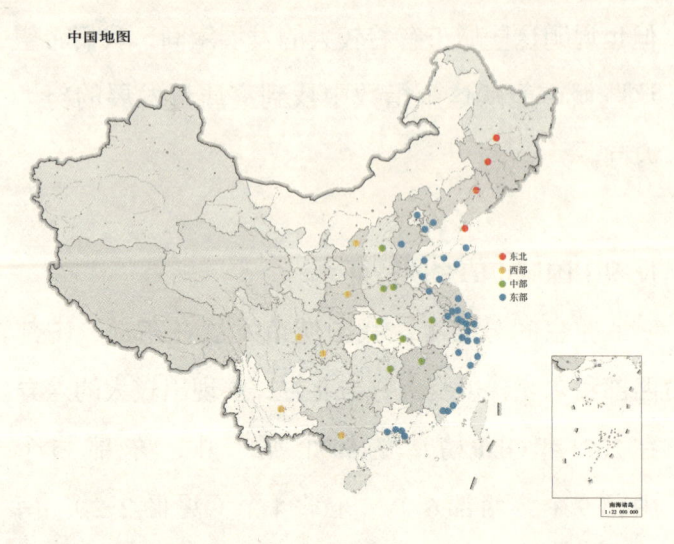

图 2-2　GDP 上榜城市分布（东部、中部、西部及东北）

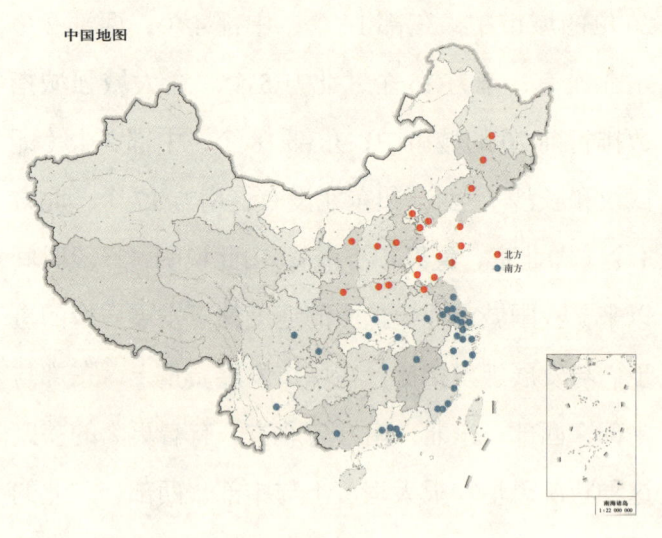

中国地图

图 2-3　GDP 上榜城市分布（南方、北方）

有关。投资、城市面积扩张等，在短期内可以在GDP增长上有直接的体现，政策的扶持也可以在短期内起到带动增量的效果，但如果资源利用效率不高，短期的扩张反而不利于长期的发展。

> 如果资源利用效率不高，短期的扩张反而不利于长期的发展。

产业集聚、城市群和都市圈的发展在大城强城指数上有清晰的体现。在榜单上，长三角和珠三角两个区域的城市表现比较突出。大城强城指数排名显著高于GDP排名的城市主要集中在长三角和珠三角地区，有着显著的集群特征。例如，长三角核心区的南京、扬州、苏州、无锡、常州、南通、嘉兴和绍兴等城市，珠三角的佛山、东莞等城市，大城强城指数排名均高于或显著高于其GDP排名，它们分别处于各自比较成熟的城市群或与中心城市一体化的都市圈之内（至少距离不远）（见图2-4和图2-5）。

图 2-4　长三角核心区部分城市 GDP 与大城强城指数排名对比

图 2-5　珠三角部分城市 GDP 与大城强城指数排名对比

展现中国城市的发展质量

大城强城指数排名与GDP排名的比较与分析表明，大城强城指数可以反映城市经济的发展质量。上海、北京、深圳、广州、南京和苏州等城市综合实力强，多个指标排名都位居前列，发展规模和发展质量相对均衡。无锡和常州因在劳动生产率、人均GDP、土地利用效率和技术创新等一个或多个指标上的表现突出，指数排名高于GDP排名，如无锡人均GDP排名第一，常州技术创新能力排名第4，[1]使得它们双双进入大城强城指数排行榜的前10位。重庆、成都等城市由于劳动生产率、土地生产率和人均GDP等指标排名靠后，指数排名有所降低。

城市高质量发展的状态，主要是通过产业和企业表现出来的。强城是因为有强产业和强企业。强产业和强企业不仅为城市贡献GDP和税收，而且是创新的主体，为城市吸引高素质人才。例如，深圳已经并将继续培育打造多个具有全球竞争力的产业集群，大疆、华为、腾讯等科技领域的领先企业

---

[1] 见表2A-7中国城市人均GDP排行榜（2021）、表2A-5中国城市万人专利授权量排行榜。

都发端于此地，是名副其实的大城强城。苏州在新一代信息技术、生物医药、纳米技术和人工智能等多个战略性新兴产业领域都有不俗的表现。无锡在新兴产业集群发展的同时，强企业扎堆。高端装备、新材料、新能源已经成为常州的产业名片，并且该城市拥有众多隐形冠军企业。强产业和强企业是这些城市成为强城的重要原因。

上述比较与分析还表明，人口、劳动力、土地等要素的生产率和创新能力是城市发展的基本要素和动力，它们事关城市的高质量发展。GDP总量排名靠前，但均值指标排名靠后，表明城市发展存在大而不强的矛盾，应当注重发展效率和质量的提升。这一对比还表明，一味追求行政区划人口规模和土地面积的扩大，不如借助都市圈一体化和邻近城市同城化发展契机，探索经济区与行政区适度分离改革，破解中心城市发展的资源约束，促进城市间协同发展，提升城市发展质量和区域整体发展水平。2022年8月22日，重庆与四川联合印发了国家发改委批复的《重庆都市圈发展规划》(以下称《规划》)。根据《规划》，重庆21个区与四川省广安市同时"入圈"。重庆也由此成为继南京、福州、成都、长株潭、西安之后，第6个获得批复的国家级都市圈。都市圈发展有可能成为大城向强城转变的推动力。

预示中国城市的未来格局

大城强城指数排名前20的城市，大多发展均衡，优势比较明显，有着较强的竞争力和发展潜力。经济增长有路径依赖，城市经济发展亦是如此。中国大城强城指数反映了影响城市经济发展的重要因素，这些因素往往保持相对稳定，在循环累积效应的作用下，决定着大多数城市的增长路径。可以预期，这些城市未来的排位也将保持相对稳定。为了进行纵向比对，课题组计算了这些城市2010年的指数，结果表明，大多数过去排名靠前的城市今天依然强大（见图2-6）。在我们的榜单上，那些指数排名靠后的城市，尽管其各自的发展特征不同，但它们或在效率指标，或在创新能力，或在人才存量上有明显的短板，以致出现了不尽如人意的排位。如果按照今天的发展路径继续，而不在战略上做出调整，或发展环境没有发生重大改变，这些城市要想实现跨越式增长将遇到诸多挑战，今天的强城格局在未来数年仍将延续。例如，大连、沈阳、长春等东北城市由于受到人口净流出、新兴产业发展相对滞后的影响，排名在一定程度上可能继续下滑。而唐山、襄阳、济宁等城市则因各项指标排名均处于后列，同时周边没有发展较好的中心城市带动，未来排名仍将偏后，同样可能出现一定程度的下滑。因此，这些城市只有通过在补短板、强优势上取得明显成效，才能形成各自的发展潜力，适当改变今天的强城格局。

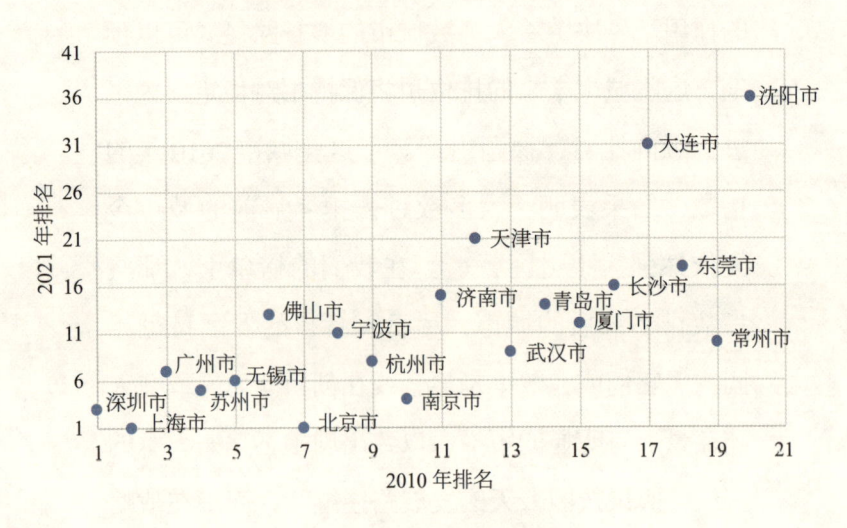

图 2-6　部分城市指数排名对比

结论

在唯GDP论英雄的今天，过度追求经济规模往往意味着忽视城市经济的效率、实力和潜力，也会导致增长政策的短视、增长方式的粗放以及社会发展的不可持续。作为对GDP总量排行榜的一个补充和完善，中国大城强城指数从生产要素效率、技术创新能力、人才存量和人均GDP等维度评价城市经济的效率、实力和潜力，为读者提供了另一个观察城市经济发展质量的窗口。

从我们的分析来看，大城强城指数基本反映了中国城市的发展态势、空间特征、发展质量以及未来格局。然而，可能与大家的印象不尽相同，一些经济实力较强的城市并未达到我们的预期，一些默默无闻的城市却出人意料地冲上了榜单的前列。这恰恰说明，大城并不一定是强城，强城是人力资本、生产效率、创新能力等多个方面作用的结果，这也是造成东中西部和南北方差异的重要原因。如何看待城市的经济增长，如何理解经济增长背后的质量，如何发现城市的增长潜力，是我们在关注GDP总量的同时应该深入思考的问题。

> 大城并不一定是强城，强城是人力资本、生产效率、创新能力等多个方面作用的结果。

附录 2A

表 2A-1 2022年中国大城强城指数及各指标排行榜

排行榜	指数值	劳动生产率（万元）	排名	土地生产率（亿元）	排名	资本生产率（元）	排名	万人专利授权量（件）	排名	每百万人大学文化程度人口（人）	排名	人均GDP（元）	排名
1. 上海市	31	31.452	4	6.815	2	1.065	3	72.02	13	338 718	3	173 593	6
1. 北京市	31	31.975	3	2.454	10	0.887	6	90.93	9	419 803	1	184 000	2
3. 深圳市	36	23.729	19	15.355	1	1.257	1	157.90	1	288 491	9	173 663	5
4. 南京市	39	33.764	1	2.483	9	0.573	15	97.59	8	352 290	2	174 520	4
5. 苏州市	45	30.381	5	2.624	8	0.890	5	144.10	2	225 143	22	177 500	3
6. 无锡市	48	33.436	2	3.026	7	0.614	11	106.61	3	218 669	24	187 400	1
7. 广州市	51	24.380	15	3.798	5	0.937	4	100.48	6	272 773	12	150 366	9
8. 杭州市	71	24.197	17	1.075	22	0.627	9	100.79	5	293 166	7	149 857	11
9. 武汉市	75	29.343	6	2.068	11	0.527	19	63.29	19	338 668	4	135 251	16
10. 常州市	77	29.312	7	2.015	12	0.519	22	103.68	4	206 899	25	166 000	7

（续表）

排行榜	指数值	劳动生产率（万元）	排名	土地生产率（亿元）	排名	资本生产率（元）	排名	万人专利授权量（件）	排名	每百万人大学文化程度人口（人）	排名	人均GDP（元）	排名
11. 宁波市	87	24.486	13	1.487	15	0.626	10	75.44	11	178 376	30	153 922	8
12. 厦门市	93	19.754	29	4.135	4	0.599	12	69.20	16	269 399	14	133 218	18
13. 佛山市	98	22.771	21	3.201	6	0.724	8	100.38	7	161 430	33	126 465	23
14. 青岛市	117	26.896	10	1.252	19	0.406	31	57.29	22	225 506	21	137 827	14
15. 济南市	119	24.381	14	1.116	21	0.594	13	44.45	30	259 313	16	122 453	25
16. 长沙市	126	23.884	18	1.123	20	0.450	27	43.53	31	274 531	11	129 606	19
16. 扬州市	126	24.592	12	1.016	26	0.457	25	63.23	20	174 653	31	146 306	12
18. 东莞市	136	15.191	44	4.413	3	1.210	2	89.75	10	132 410	45	103 284	32
19. 嘉兴市	139	19.498	31	1.505	14	0.522	20	74.87	12	152 498	35	116 323	27
19. 南通市	139	22.680	22	1.378	17	0.519	21	52.85	26	149 039	40	142 642	13
21. 天津市	141	24.258	16	1.312	18	0.277	51	71.30	15	269 403	13	114 312	28
22. 合肥市	144	23.287	20	0.997	27	0.403	33	56.89	23	263 901	15	121 187	26

（续表）

排行榜	指数值	劳动生产率（万元）	排名	土地生产率（亿元）	排名	资本生产率（元）	排名	万人专利授权量（件）	排名	每百万人大学文化程度人口（人）	排名	人均GDP（元）	排名
23. 郑州市	146	18.943	32	1.677	13	0.404	32	49.33	27	289 923	8	99 600	34
24. 福州市	152	26.963	9	0.946	29	0.400	35	35.62	35	185 891	29	135 298	15
25. 绍兴市	153	20.692	26	0.821	31	0.482	24	71.75	14	152 482	36	127 875	22
26. 成都市	155	17.420	36	1.389	16	0.549	16	41.72	32	255 820	17	94 622	38
27. 泰州市	157	21.627	25	1.041	24	0.430	29	55.96	24	151 187	38	133 323	17
28. 泉州市	160	21.865	23	1.026	25	0.591	14	53.74	25	104 951	52	128 165	21
29. 太原市	162	19.606	30	0.733	32	0.538	18	30.97	39	308 613	6	95 646	37
30. 榆林市	169	27.176	8	0.127	53	0.853	7	8.56	54	151 537	37	149 899	10
31. 大连市	175	21.690	24	0.622	36	0.453	26	31.18	38	235 926	20	103 792	31
32. 西安市	178	16.086	41	1.057	23	0.395	38	48.72	28	309 989	5	83 689	43
33. 南昌市	188	20.153	28	0.924	30	0.318	48	36.97	34	250 238	18	104 788	30
34. 宜昌市	190	26.788	11	0.237	51	0.441	28	26.94	41	150 766	39	128 454	20

（续表）

排行榜	指数值	劳动生产率（万元）	排名	土地生产率（亿元）	排名	资本生产率（元）	排名	万人专利授权量（件）	排名	每百万人大学文化程度人口（人）	排名	人均GDP（元）	排名
35. 烟台市	198	20.302	27	0.628	34	0.358	44	31.28	37	165 715	32	122 999	24
36. 沈阳市	208	16.743	39	0.564	39	0.388	40	32.08	36	274711	10	79 706	44
37. 金华市	211	15.086	46	0.489	40	0.544	17	64.86	17	133 963	43	75 524	48
38. 台州市	215	15.123	45	0.576	37	0.510	23	58.95	21	115 648	48	86 867	41
39. 徐州市	224	16.837	38	0.690	33	0.393	39	46.40	29	129 693	46	89 634	39
40. 温州市	225	12.795	50	0.626	35	0.413	30	63.57	18	126 367	47	78 879	45
41. 重庆市	226	16.643	40	0.972	28	0.379	41	23.72	43	154 121	34	86 879	40
42. 昆明市	235	14.375	47	0.344	47	0.400	34	21.72	46	242 349	19	85 371	42
43. 唐山市	241	18.625	33	0.574	38	0.342	47	18.02	52	144 042	42	106 783	29
44. 盐城市	243	15.833	42	0.391	44	0.396	37	40.76	33	106 910	51	98 593	36
45. 襄阳市	252	17.970	35	0.269	50	0.396	36	20.20	48	107 689	50	100 824	33
45. 漳州市	252	18.142	34	0.390	45	0.372	43	26.10	42	99 115	53	99 218	35

第二章 中国大城强城指数

（续表）

排行榜	指数值	劳动生产率（万元）	排名	土地生产率（亿元）	排名	资本生产率（元）	排名	万人专利授权量（件）	排名	每百万人大学文化程度人口（人）	排名	人均GDP（元）	排名
47. 长春市	265	13.402	48	0.287	49	0.315	49	19.16	50	222 172	23	78 341	46
48. 潍坊市	267	13.213	49	0.434	42	0.352	46	30.70	40	144 508	41	74 606	49
49. 石家庄市	271	11.062	52	0.410	43	0.233	53	22.99	44	201 178	27	57 925	52
50. 洛阳市	273	17.213	37	0.358	46	0.285	50	19.89	49	133 389	44	77 110	47
51. 哈尔滨市	275	15.708	43	0.101	54	0.226	54	22.21	45	204 547	26	54 140	53
52. 济宁市	283	11.813	51	0.453	41	0.356	45	20.46	47	110 613	49	60 728	50
53. 南宁市	287	10.204	53	0.232	52	0.266	52	18.05	51	188 451	28	57 976	51
54. 临沂市	305	8.797	54	0.318	48	0.376	42	17.50	53	87 210	54	49 596	54

表 2A-2　中国城市劳动生产率排行榜（单位：万元）

城市	劳动生产率	排名
南京市	33.764	1
无锡市	33.436	2
北京市	31.975	3
上海市	31.452	4
苏州市	30.381	5
武汉市	29.343	6
常州市	29.312	7
榆林市	27.176	8
福州市	26.963	9
青岛市	26.896	10
宜昌市	26.788	11
扬州市	24.592	12
宁波市	24.486	13
济南市	24.381	14
广州市	24.380	15
天津市	24.258	16
杭州市	24.197	17
长沙市	23.884	18
深圳市	23.729	19
合肥市	23.287	20
佛山市	22.771	21
南通市	22.680	22
泉州市	21.865	23
大连市	21.690	24
泰州市	21.627	25
绍兴市	20.692	26
烟台市	20.302	27

（续表）

城市	劳动生产率	排名
南昌市	20.153	28
厦门市	19.754	29
太原市	19.606	30
嘉兴市	19.498	31
郑州市	18.943	32
唐山市	18.625	33
漳州市	18.142	34
襄阳市	17.970	35
成都市	17.420	36
洛阳市	17.213	37
徐州市	16.837	38
沈阳市	16.743	39
重庆市	16.643	40
西安市	16.086	41
盐城市	15.833	42
哈尔滨市	15.708	43
东莞市	15.191	44
台州市	15.123	45
金华市	15.086	46
昆明市	14.375	47
长春市	13.402	48
潍坊市	13.213	49
温州市	12.795	50
济宁市	11.813	51
石家庄市	11.062	52
南宁市	10.204	53
临沂市	8.797	54

表 2A-3 中国城市土地生产率排行榜（单位：亿元）

城市	土地生产率	排名
深圳市	15.355	1
上海市	6.815	2
东莞市	4.413	3
厦门市	4.135	4
广州市	3.798	5
佛山市	3.201	6
无锡市	3.026	7
苏州市	2.624	8
南京市	2.483	9
北京市	2.454	10
武汉市	2.068	11
常州市	2.015	12
郑州市	1.677	13
嘉兴市	1.505	14
宁波市	1.487	15
成都市	1.389	16
南通市	1.378	17
天津市	1.312	18
青岛市	1.252	19
长沙市	1.123	20
济南市	1.116	21
杭州市	1.075	22
西安市	1.057	23
泰州市	1.041	24
泉州市	1.026	25
扬州市	1.016	26
合肥市	0.997	27

（续表）

城市	土地生产率	排名
重庆市	0.972	28
福州市	0.946	29
南昌市	0.924	30
绍兴市	0.821	31
太原市	0.733	32
徐州市	0.690	33
烟台市	0.628	34
温州市	0.626	35
大连市	0.622	36
台州市	0.576	37
唐山市	0.574	38
沈阳市	0.564	39
金华市	0.489	40
济宁市	0.453	41
潍坊市	0.434	42
石家庄市	0.410	43
盐城市	0.391	44
漳州市	0.390	45
洛阳市	0.358	46
昆明市	0.344	47
临沂市	0.318	48
长春市	0.287	49
襄阳市	0.269	50
宜昌市	0.237	51
南宁市	0.232	52
榆林市	0.127	53
哈尔滨市	0.101	54

表2A-4 中国城市资本生产率排行榜（单位：元）

城市	资本生产率	排名
深圳市	1.257	1
东莞市	1.210	2
上海市	1.065	3
广州市	0.937	4
苏州市	0.890	5
北京市	0.887	6
榆林市	0.853	7
佛山市	0.724	8
杭州市	0.627	9
宁波市	0.626	10
无锡市	0.614	11
厦门市	0.599	12
济南市	0.594	13
泉州市	0.591	14
南京市	0.573	15
成都市	0.549	16
金华市	0.544	17
太原市	0.538	18
武汉市	0.527	19
嘉兴市	0.522	20
南通市	0.519	21
常州市	0.519	22
台州市	0.510	23
绍兴市	0.482	24
扬州市	0.457	25
大连市	0.453	26
长沙市	0.450	27
宜昌市	0.441	28

（续表）

城市	资本生产率	排名
泰州市	0.430	29
温州市	0.413	30
青岛市	0.406	31
郑州市	0.404	32
合肥市	0.403	33
昆明市	0.400	34
福州市	0.400	35
襄阳市	0.396	36
盐城市	0.396	37
西安市	0.395	38
徐州市	0.393	39
沈阳市	0.388	40
重庆市	0.379	41
临沂市	0.376	42
漳州市	0.372	43
烟台市	0.358	44
济宁市	0.356	45
潍坊市	0.352	46
唐山市	0.342	47
南昌市	0.318	48
长春市	0.315	49
洛阳市	0.285	50
天津市	0.277	51
南宁市	0.266	52
石家庄市	0.233	53
哈尔滨市	0.226	54

注：由于保留三位小数，所以表中南通和常州，昆明和福州数值相同，实际排名按四位小数计算。

表 2A-5　中国城市万人专利授权量排行榜（单位：件）

城市	万人专利授权量	排名
深圳市	157.90	1
苏州市	144.10	2
无锡市	106.61	3
常州市	103.68	4
杭州市	100.79	5
广州市	100.48	6
佛山市	100.38	7
南京市	97.59	8
北京市	90.93	9
东莞市	89.75	10
宁波市	75.44	11
嘉兴市	74.87	12
上海市	72.02	13
绍兴市	71.75	14
天津市	71.30	15
厦门市	69.20	16
金华市	64.86	17
温州市	63.57	18
武汉市	63.29	19
扬州市	63.23	20
台州市	58.95	21
青岛市	57.29	22
合肥市	56.89	23
泰州市	55.96	24
泉州市	53.74	25
南通市	52.85	26
郑州市	49.33	27

（续表）

城市	万人专利授权量	排名
西安市	48.72	28
徐州市	46.40	29
济南市	44.45	30
长沙市	43.53	31
成都市	41.72	32
盐城市	40.76	33
南昌市	36.97	34
福州市	35.62	35
沈阳市	32.08	36
烟台市	31.28	37
大连市	31.18	38
太原市	30.97	39
潍坊市	30.70	40
宜昌市	26.94	41
漳州市	26.10	42
重庆市	23.72	43
石家庄市	22.99	44
哈尔滨市	22.21	45
昆明市	21.72	46
济宁市	20.46	47
襄阳市	20.20	48
洛阳市	19.89	49
长春市	19.16	50
南宁市	18.05	51
唐山市	18.02	52
临沂市	17.50	53
榆林市	8.56	54

表 2A-6 中国城市每百万人大学文化程度人口排行榜

(单位：人)

城市	每百万人大学文化程度人口	排名
北京市	419 803	1
南京市	352 290	2
上海市	338 718	3
武汉市	338 668	4
西安市	309 989	5
太原市	308 613	6
杭州市	293 166	7
郑州市	289 923	8
深圳市	288 491	9
沈阳市	274 711	10
长沙市	274 531	11
广州市	272 773	12
天津市	269 403	13
厦门市	269 399	14
合肥市	263 901	15
济南市	259 313	16
成都市	255 820	17
南昌市	250 238	18
昆明市	242 349	19
大连市	235 926	20
青岛市	225 506	21
苏州市	225 143	22
长春市	222 172	23
无锡市	218 669	24
常州市	206 899	25
哈尔滨市	204 547	26

（续表）

城市	每百万人大学文化程度人口	排名
石家庄市	201 178	27
南宁市	188 451	28
福州市	185 891	29
宁波市	178 376	30
扬州市	174 653	31
烟台市	165 715	32
佛山市	161 430	33
重庆市	154 121	34
嘉兴市	152 498	35
绍兴市	152 482	36
榆林市	151 537	37
泰州市	151 187	38
宜昌市	150 766	39
南通市	149 039	40
潍坊市	144 508	41
唐山市	144 042	42
金华市	133 963	43
洛阳市	133 389	44
东莞市	132 410	45
徐州市	129 693	46
温州市	126 367	47
台州市	115 648	48
济宁市	110 613	49
襄阳市	107 689	50
盐城市	106 910	51
泉州市	104 951	52
漳州市	99 115	53
临沂市	87 210	54

表 2A-7 2021年中国城市人均GDP排行榜（单位：元）

城市	人均GDP	排名
无锡市	187 400	1
北京市	184 000	2
苏州市	177 500	3
南京市	174 520	4
深圳市	173 663	5
上海市	173 593	6
常州市	166 000	7
宁波市	153 922	8
广州市	150 366	9
榆林市	149 899	10
杭州市	149 857	11
扬州市	146 306	12
南通市	142 642	13
青岛市	137 827	14
福州市	135 298	15
武汉市	135 251	16
泰州市	133 323	17
厦门市	133 218	18
长沙市	129 606	19
宜昌市	128 454	20
泉州市	128 165	21
绍兴市	127 875	22
佛山市	126 465	23
烟台市	122 999	24
济南市	122 453	25
合肥市	121 187	26
嘉兴市	116 323	27

（续表）

城市	人均GDP	排名
天津市	114 312	28
唐山市	106 783	29
南昌市	104 788	30
大连市	103 792	31
东莞市	103 284	32
襄阳市	100 824	33
郑州市	99 600	34
漳州市	99 218	35
盐城市	98 593	36
太原市	95 646	37
成都市	94 622	38
徐州市	89 634	39
重庆市	86 879	40
台州市	86 867	41
昆明市	85 371	42
西安市	83 689	43
沈阳市	79 706	44
温州市	78 879	45
长春市	78 341	46
洛阳市	77 110	47
金华市	75 524	48
潍坊市	74 606	49
济宁市	60 728	50
南宁市	57 976	51
石家庄市	57 925	52
哈尔滨市	54 140	53
临沂市	49 596	54

数据来源与说明

本章中使用的城市GDP、人均GDP、万人专利授权量均为2021年的数据，就业人员、每百万人大学文化程度人口为2020年的数据。有关数据来源说明如下。

（1）各城市2021年的GDP数据来源于各城市国民经济和社会发展统计公报、统计局网站。

（2）劳动生产率通过各城市GDP/就业人员数据得到，各城市就业人员数据采用2020年的数据，来源于各城市2021年统计年鉴。其中，部分城市就业人员数据仅公布到2019年，相关城市2020年就业数据根据2019年数据进行推算。同时，部分城市就业人员数据仅公布到2013—2015年，之后统计公布的是城镇非私营单位就业人员数据，相关城市2020年的就业数据通过2020年的城市常住人口和有就业人员数据公布的年份常住人口数据进行按比例计算得到。

（3）土地生产率通过各城市GDP/行政区域土地面积得到，各城市行政区域土地面积主要来源于《中国城市统计年鉴2020》，并和各城市统计年鉴、政府网站以及网页搜索的最新数据核对。其中，考虑到重庆市的实际情况，未采用全域面积，而是采用主城都市区面积（2.87万平方千米）计算其土地生产率。

（4）资本产出率通过产出/资本存量得到，产出为2021年城市的GDP，资本存量为以2000年为基期计算得到的2020年资本存量。①采用张军（2004）以2000年当年价格衡量的各省（自治区、直辖市）2000年的固定资本存量作为基期资本存量。城市层面的数据不像省级层面数据那么完善，因此，本章中各地级市全市的基期固定资本存量主要采用各省份当年（2000年）固定资本存量，以当年各地级市固定资产投资占所在省份全社会固定投资额的比重作为权重折算到各地级市。②固定资产投资价格指数以2000年为基期，2000年之后折算成以2000年为基年的不变价数据。从2020年开始，国家统计局取消固定资产投资价格调查制度，以2020年各省CPI（消费者物价指数）数据替代2020年固定资产投资价格指数。数据来源于国家统计局。③折旧率。参照张少辉等（2021）将2000年后建筑和设备的使用期限分别设为38年和16年，即折旧率分别为8.12%和17.08%，其他费用均统一采用12.1%的折旧率。由于各城市建筑安装工程，设备、工器具购置和其他费用三项比例不统一，且数据不全，本章各城市的折旧率通过全国建筑安装工程，设备、工器具购置和其他费用三项在2001—2017年的平均比例进行计算，得到折旧率为10.439%。④当年固定资产投资数据来源于各城市统计局和国民经济和社会发展统计公报，其中少量异常值和缺失数据采用平滑法处理和补齐。

（5）每百万人大学文化程度人口通过拥有大学（指大专及以上）文化程度的人口/常住人口得到，拥有大学（指大专及以上）文化程度的人口和常住人口数据均来源于各个城市第七次全国人口普查公报。

（6）万人专利授权量通过专利授权量/常住人口得到，专利授权量和常住人口数据主要来源于各个城市2021年国民经济和社会发展统计公报以及相关网站。青岛、济南、昆明、长春存在专利授权量或常住人口数据缺失问题，万人专利授权量使用2020年数据计算，相关数据主要来源于各城市2020年国民经济和社会发展统计公报、《山东省统计年鉴2021》和各城市第七次全国人口普查公报。

（7）人均GDP数据主要来源于各城市2021年国民经济和社会发展统计公报，部分根据各城市GDP/常住人口计算得到。其中，城市2021年的GDP和常住人口数据主要来源于各城市国民经济和社会发展统计公报；昆明和长春2021年常住人口数据缺失，采用2020年数据，数据来源于各城市第七次全国人口普查公报。

第三章

制造业发展和中心城市作用

当前中国已经形成了规模大小不等的城市群"抱团取暖"的发展格局，在每一个城市群内部，也已经形成了中心城市向外辐射的发展格局。

举例来说，在长三角群内部，围绕中心城市，已初步形成了上海、南京、杭州、合肥四大都市圈。第七次全国人口普查显示，长三角城市群内部出现了人口向上海、南京、杭州和合肥等中心城市及周边地区，以及沿海和沿长江地区集中的态势。

在新的发展阶段，通过统一市场建设发挥规模经济效应变得越来越重要。在制造业内部，产业的规模化驱使产业链上下游企业在城市群内集聚，同时，服务业和制造业之间也出现了深度融合的趋势。

城市群整体的制造业越强,中心城市的服务业在城市群发展中的引领功能越强,中心城市服务业在自身GDP中的比重也越来越高。

在上述经济规律的驱动下,城市群内的不同城市已经呈现出分工深化、优势互补、梯度发展的格局。在长三角,上海、南京、杭州、合肥等中心城市的生产性服务业赋能于自身及其他城市的制造业,且具有发展消费性服务业的强大规模经济,并建设成消费中心城市。苏锡常、浙江沿海都市带、皖江都市带等地理条件较好的城市集聚占地较多的制造业。较外围的皖北、皖南、苏北发展各具特色的产业,包括资源型产业、旅游、农业等。

我们的研究从"大城强城"开始,但实际上,现代化的城市发展形成的是城市群的状态,其中,一些大城市发挥着中心城市的作用。大城市不只是自己的GDP和人口规模大,而且在功能上居于城市群(甚至整个国家)的中心地位,在产业链上以现代服务业赋能于自己以及其他城市的制

> 大城市不只是自己的GDP和人口规模大,而且在功能上居于城市群(甚至整个国家)的中心地位,在产业链上以现代服务业赋能于自己以及其他城市的制造业。

造业。2022年的新冠肺炎疫情对上海产生了重大影响，由于上海的中心城市功能，上海新冠肺炎疫情及其防控措施对整个长三角城市群，甚至珠三角城市群，都产生了巨大的影响。我们有必要借助大数据的手段，来刻画长三角、珠三角的制造业发展态势，以及上海的中心作用。

透过制造业景气先行指数看城市

当今世界的一个普遍规律是，随着经济的发展，服务业在经济中的比重不断提升。但不可否认的是，即使在服务业占绝对多数的发达国家，制造业仍然是国际竞争力和国家实力的重要体现。中国处在跨越中等收入陷阱的关键时期，制造业的发展则更为重要。因此，中央和地方政府都非常关注制造业，试图通过制度和政策的调整保障其良性发展。而适宜的制度和政策调整的前提是准确把握制造业发展的脉搏，尤其是要考虑到近几年国际形势复杂化、经济增速下滑和新冠肺炎疫情反复的背景，制造业的波动变得更加频繁和剧烈。无论是对于新冠肺炎疫情这样的突发事件，还是对于通常可能发生的经济和金融危机等，及时运用数据来客观、准确地反映经济所遭受的冲击是非常必要的，它有利于政策制定者快速地了解经济发展的动态，并采取相应的政策措施对冲经济的波动。但是传统的基于上报或调研的数据信息，往往存在时间的滞后性、样本的非代表性，以及数据的准确性等方面的缺陷，而这些问题在大数据时代都可以被有效地克服。

此外，互联网和大数据技术的运用，也在推进区域经济一体化的进程，从而强化大城市的优势。信息获取成本的下降和处理能力的上升，使得经济资源可以在更大的地理范围之内实现优化配置，从而强化经济集聚的力量和中心城市的辐射功能。这一作用机制在劳动力市场有明显体现。在这一章里，我们将介绍基于新技术的新型劳动中介的案例——"我的打工网"，这一平台提高了劳动力市场上的匹配效率，降低了劳动力和就业岗位匹配的经济和时间成本。如此一来，制造业企业更能够通过用工规模的灵活调整来适应订单规模的波动，这会强化灵活用工的重要性，并反过来促进灵活用工劳动力市场的发展，从而进一步提升匹配效率。并且由于大城市的劳动力和制造业劳动需求都比较多，这一优势在大城市更加明显。与此同时，新型劳动中介服务能力的提升会使其业务范围扩张到多个城市，从而使得劳动力在更大范围内通过同一平台进行配置。

基于此，上海交通大学中国发展研究院"城市酷想家"团队联合新市民产业与创新研究院，利用新型劳动中介——"我的打工网"的制造业灵活用工大数据构建了制造业景气先行指数（Leading Index of Manufacturing Prosperity，简称LIMP），以反映制造业实时发展状态。我们认为，灵活用工大数据的优势在于三个方面。

第一，灵活用工在制造业中的重要性在提升。当前，随着柔性制造和灵活用工的发展，制造业企业更倾向于通过调整灵活用工的规模，来应对订单的灵活变化，这使得企业可以在订单规模较小的淡季保持相对较低的劳动力成本，而在订单规模较大的旺季通过扩大灵活用工的规模按时交付订单。这种优势使

灵活用工在制造业中的重要性在提升。

得制造业企业越来越倾向于更多地采用灵活用工。

第二，在反映制造业景气程度的变化上，灵活用工更具有"先行"的特征。如图3-1所示，基于尽快交付订单的需求，工厂新增订单之后，会首先调整灵活用工的规模，以保证可以充分利用生产线的产能；原材料库存也会很快增加，但由于存在仓储成本，并不会一步把库存调整到位；订单完成并交付后，该订单产生的损益才会完整地反映在企业的财务报表中，而微观企业信息汇总到宏观统计信息，又有一定的时间滞后。

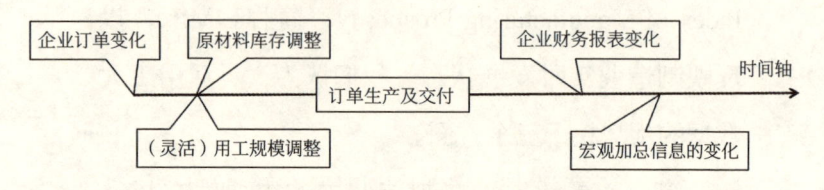

图3-1 从企业订单变化到宏观统计信息变化的时间轴

第三，灵活用工大数据是高频数据，可以更为灵活地反映制造业的实时状况。我们采用的灵活用工大数据是"我的打工网"的业务数据，其中，我们用于构建LIMP的招聘订单大数据可以反映每一笔招聘的工价和人数，虽然本章采用的LIMP为月度层面的指数，但数据本身可以用于计算天层面的招工人数和加权平均招聘工价。

由于"我的打工网"的业务范围覆盖多个城市，在计算全平台的加总指数的同时，我们也计算了长三角和珠三角的分指数，以及11个制造业集聚城市的分城市指数。同时，我们也分析了2022年3—5月上海新冠肺炎疫情对制造业总体、不同区域及不同城市的影响。主要的发现有三个方面。

第一，上海新冠肺炎疫情对制造业的冲击非常明显。2022年3月之后，总LIMP以及价格指数和用工数量指数两个分指数都有明显的下跌。

第二，上海新冠肺炎疫情不仅影响了上海，还影响了长、珠三角地区的其他城市。2022年3月之后，长三角地区和珠三角地区的LIMP走势虽有不同，但都经历了明显的下跌。分城市来看，2022年3月之后，在除上海之外的10个样本城市中，7个城市的LIMP经历了下跌。

第三，分城市来看，其他城市受到新冠肺炎疫情的影响程度和其到上海的距离有关，但这一关系并不是线性的。在长三角内部，总体而言，距上海越远，新冠肺炎疫情冲击的影响越弱。在除上海外的7个长三角样本城市中，距离上海较远的南通和南京的LIMP甚至并没有下降；而距离上海更远的深圳、惠州和东莞的LIMP却有明显下降。同时，我们也发现，在2022年3月上海新冠肺炎疫情大规模暴发前，各城市到上海的距离，与其LIMP和上海LIMP在时间维度的相关系数也呈现出类似的关联。

LIMP的走势以及分地区和跨城市的差异，既灵敏地反映了宏观经济尤其是制造业的变化，又和区域经济发展规律相吻合，同时和其他数据相比又具有精准、高频和先行的优势。因此，该指数可以作为衡量全国、地区和城市层面制造业景气状况的重要指标。

新型劳动中介与劳动力市场一体化

互联网和大数据技术的发展使得新型劳动中介的服务能力大幅度提升，单个企业的服务范围扩展到了地理上邻近甚至全国范围内的多个城市。在这一过程中，不同城市间的岗位信息和潜在求职者通过共同的互联网平台彼此连接，使得劳动力在更大范围内实现了优化配置。

新型劳动中介整合劳动力市场的机制

在传统的灵活用工市场上，工厂由于订单变化而短期增长的用工需求由小而多的劳动中介公司通过分散化的途径予以满足。在工厂、劳务派遣公司、劳动中介、求职者四方博弈的灵活用工市场上，由于服务能力有限，传统劳动中介难以将流动性极强的求职者变成稳定的客户群体，规模扩张变得困难。除此之外，由于工厂稳定劳动力成本的需要和劳动供需的灵活变化，在劳动力紧缺的季节，劳动中介可能会"溢价"招工，并期望招工价格可以在工厂订单期限内降到工厂发包价格之下，这使得其收益面临不确定性。这种不确定也使得维持较大的求职者客户群体并不一定带来更高的收益。因此，劳动中介市场由小而分散化的中介组成。在这种状态下，劳动中介仅服务于本地的用工市场，且小而分散化的劳动中介不利于本地劳动力市场整合。

而互联网技术和大数据技术的发展和应用，使得灵活用工中介服务的供给出现了更强的规模经济效应。第一，求职者数量和招聘岗位的数量对劳动力和岗位匹配质量的提升作用，会随着中介机构信息处理能力的提升而变得更为明显。第二，除了匹配质量，信息处理能力的提升也使得促成单次交易的平均成本下降，并且这一效应会随着求职者和岗位数量的增加而强化。第三，在中介机构的收益面临劳动力市场供求波动带来的不确定性时，规模更大的、有更多数据积累的机构更能够利用数据分析来减少不确定性带来的损失。规模经济效应的强化使得中介机构有扩大求职用户的数量并提高用户黏性的动机。以"我的打工网"为例，他们采用了独特的"经纪人"模式，一个经纪人服务多个求职者，为用户提供不仅限于求职的更为全方位的服务，以扩大用户规模，并维系经纪人和求职者群体的长期关系。

新型劳动中介的规模化倾向从两个方面促进了劳动力市场的整合。第一，规模化的新型劳动中介整合了本地劳动力市场，使其致力于服务于更大范围内的企业和劳动者，有助于在更大范围内实现劳动力市场的整合。第二，规模化的新型劳动中介还通过促进灵活用工这种用工和就业模式的发展，间接促进了劳动力市场的整合。相对于签订长期雇佣合同的正式工而言，灵活用工可以较好地应对订单的短期变化，从而有利于一部分订单波动较大的制造业企业保持相对较低的劳动力成本。此外，随着柔性制造概念的兴起，生产能力根据消费需求的快速变化做出及时响应，也成为制造业企业竞争力的重要来源。而不同地区的制造业企业根据市场需求灵活调整产能，从而相应调整用工数量，本身也是劳动力资源在地区间、企业间优化配置的体现。新型劳动中介借助互联网平台，整合了不同企业、不同地区的用工需求信息，满足了灵活就业求职者更换工作和企业调整用工人数的信息需求，从而促进劳动力市场的一体化。

劳动力市场一体化的表现

规模经济效应随着信息技术的发展而强化，结果是新型劳动中介的规模和服务范围不断扩张。2013年新成立的"我的打工网"所服务的会员（求职者）的规模目前已经突破100万。从服务范围来看，"我的打工网"所服务的工厂逐渐从昆山扩展到长三角其他城市，甚至粤港澳地区及一些内陆城市。"我的打工网"总部所在的昆山，已经变成灵活就业人群的集散中心。由于类似"我的打工网"这样的新型劳动中介主要服务于长三角和粤港澳地区的制造业企业，灵活用工市场的整合在长三角、粤港澳城市群内部，以及两个都市圈之间更为明显。根据"我的打工网"提供的数据，我们发现，新型劳动中介带来的劳动力市场整合有如下几个方面的体现。

第一，一家劳动中介公司可以服务于多个城市的用工企业。2020年，"我的打工网"所服务的324家企业来自34个地级及以上城市。除总部所在地昆山市，"我的打工网"也为其他城市的企业提供了一定的劳动中介服务。从用工人次来看，苏州之外各城市通过"我的打工网"渠道的月均用工数量约占该渠道总用工数量的28.8%。从企业数量来看，苏州之外的城市通过"我的打工网"招工的企业数量为161家，占其全部客户企业数量的一半左右。总体而言，和传统的小而分散化的劳动中介不同，新型劳动中介跨城市服务的特征比较明显；与此同时，地理上距离更为接近的同属于长三角城市群的城市，受到的服务功能溢出更大；此外，新型劳动中介对劳动力市场一体化的作用，甚至超出了长三角城市群，影响到了珠三角地区。

第二，不同城市间灵活用工价格差异较小，且在 2020 年之前总体上呈收敛趋势。我们根据"我的打工网"的每月发薪数据，估计了同一时期城市间差异对企业间工价差异的贡献（见图 3-2）。可以看出，城市间差异所导致的用工价格差异，在整个样本期间总体上呈下降趋势，到 2019 年 9 月之后，已经降到比较低的水平。从 2020 年开始，城市间用工价格差异的收敛放缓，除了价格差异已经较低，还有一个可能的原因是新冠肺炎疫情导致的劳动力跨地区流动性减弱，而劳动力的流动恰恰是地区间用工价格差异收敛的重要因素。这一逻辑和图 3-2 中 2020 年刚复工之后的两个月，以及 2021 年 2 月各地鼓励"就地过年"时期，城市间用工价格差异迅速上升的现象也是吻合的。

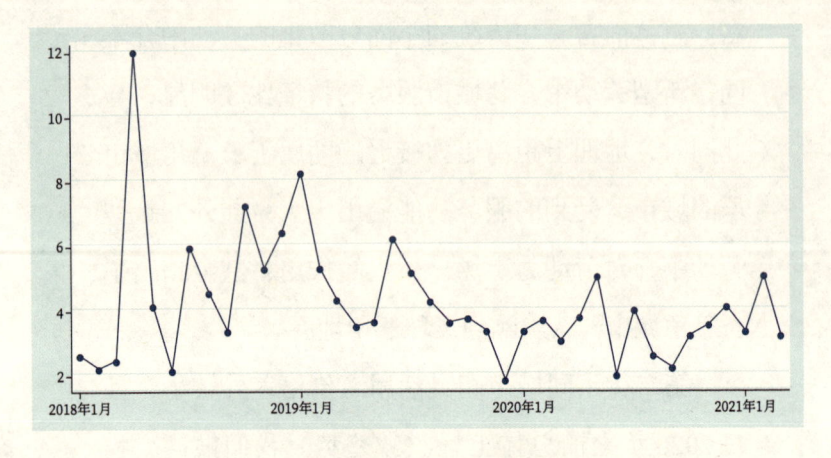

图 3-2　灵活用工日均价城市间差异

注：数据来源于"我的打工网"。纵轴为不控制城市间差异和控制城市间差异所获得的灵活用工日均价标准差的差值，代表随时间变化的城市间灵活用工日均价差异，单位为元。具体计算方法是，用控制企业固定效应后的企业间日均价标准差，减去同时控制企业固定效应和城市的虚拟变量乘以月度虚拟变量的乘积，由此可得到按企业日均价余项计算的企业间日均价标准差。

第三，灵活用工存在向核心城市集聚的趋势。从理论上讲，当劳动力市场由于新型劳动中介的发展而更加一体化时，核心城市的就业占比既有可能上升，也有可能下降。核心城市的就业占比上升的主要机制是，由于劳动力跨城市配置更加自由，并且新型劳动中介的规模效应主要在劳动需求比较集中的核心城市发挥作用，因此核心城市劳动供给相对短缺的状况得以缓解，集聚效应会使得生产企业更加向核心城市集中。与此同时，灵活用工群体在核心城市的进一步集聚，使得劳动力市场的灵活性上升，这使得用工企业更能够应对市场需求的波动，强化了核心城市对企业的吸引力。此外，也存在核心城市的就业占比下降的机制，主要是位于核心城市之外的企业，由于劳动力市场的一体化，可以获得更多来自核心城市的辐射效应，从而相对缓解区位劣势。而从"我的打工网"的数据来看，核心城市就业占比上升的机制占了主导作用。如图3-3所

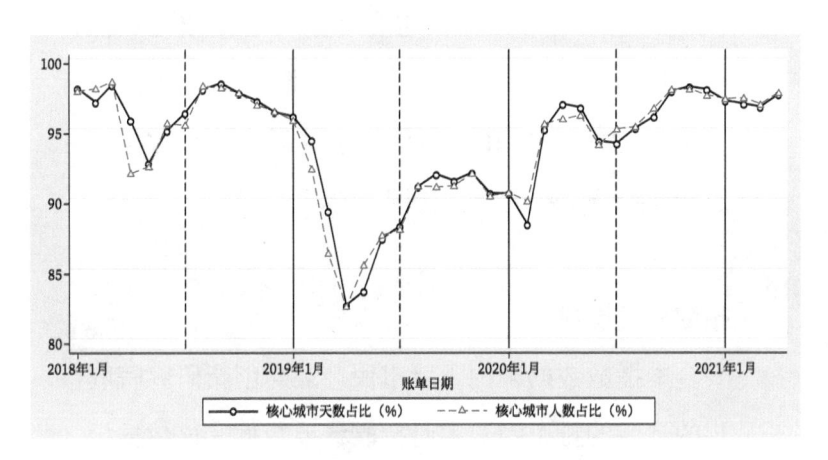

图3-3 核心城市灵活用工占比变化趋势

注：原始数据来源于"我的打工网"。其中，核心城市是指苏州、嘉兴、上海、深圳、惠州、无锡、成都、东莞、盐城和南京10个城市。我们用两个指标来度量核心城市在灵活用工上的占比。核心城市天数占比和人数占比是指用来计算核心城市占比的指标分别采用灵活用工总天数和灵活用工总人次。

示，从2019年5月开始，用工人次最高的10个核心城市的用工占比呈现出了持续上升的趋势。考虑到"我的打工网"在持续扩张并且服务范围延伸到了更多城市，这一比重的上升意味着核心城市的集聚力量确实在强化。

构建制造业景气先行指数

新型劳动中介的发展不仅通过规模经济效应优化了制造业劳动力市场，强化了大城市的优势，其积累的灵活用工大数据也有助于构建指数化产品，帮助研究者和决策部门更好地判断制造业的形势。本章所构建的LIMP，则是基于灵活用工大数据开发宏观经济指数的一次尝试。

指数构建规则

本指数数据来源于新市民产业与创新研究院收集的"我的打工网"实时招聘订单数据。该数据记录了每一笔实时发生招聘订单的信息，主要数据为灵活用工招聘工价及面试通过人数两个指标。根据这两个指标，我们构造了工价指数和用工数量指数，并分别以 0.6 和 0.4 的权重，将两个分指数加总得到总指数。

总 LIMP、分地区指数和分城市指数要更多地运用于宏观经济形势的实时判断。第一，从我们的分析来看，LIMP 确实能够在很大程度上反映宏观经济的波动；第二，由于构造 LIMP 的基础数据是互联网用工平台的实时数据，该指数可以随时提取，可以更及时地反映宏观经济形势；第三，由于制造业灵活用工的主体是青年农民工，LIMP 也能够反映农民工群体的就业状况。

我们构建的工价指数和用工数量指数都可以理解为标准化的同比增长。标准化的公式如下：

$$工价指数 = 50 + 10 \times (月度加总价格同比增长 - 月度加总价格同比增长中位数) / 月度加总价格同比增长标准差$$

$$用工数量指数 = 50 + 10 \times (月度加总用工数量同比增长 - 月度加总用工数量同比增长中位数) / 月度加总用$$

工数量同比增长标准差[1]

标准化之后总指数、工价指数和用工数量指数均以 50 为基准，理论取值范围在 0—100；越接近 50 则代表该期的景气状况和整个观测时期的中位数值越接近；大于 50 和小于 50 则分别代表好于和差于中位数值，和 50 的差距越大代表偏离程度越高。按照标准正态分布的概率表，我们将 LIMP 分为极不乐观、不乐观、正常、乐观、极乐观五档，五档对应的预期出现概率分别为 15%、15%、40%、15% 和 15%。

由于我们采用的是一家灵活用工平台的招聘数据，该平台仍处于扩张阶段，为了保证 LIMP 更少地受到平台扩张本身及灵活用工性质的影响，更准确地反映宏观经济的变化，我们需要采取一些方法来克服数据本身的缺陷。主要的担忧包含三个方面。第一，平台自身的规模变化使得其对整体经济的代

---

[1] 在 2022 年 5 月首次计算 LIMP 时，我们用当月之前所有月份（28 期）的月度汇总数据来计算同比增长的中位数和标准差；之后更新指数时，每月的数据采用该月之前 28 期的数据计算中位数和标准差。

表性不足。后文我们会阐释这一因素会如何影响价格信息和数量信息的代表性。第二，灵活用工的招聘信息不能够代表灵活用工的整体状况。其中的担忧在于招聘和在职的关联和差异。一方面，由于灵活用工的灵活性，在职者很容易因为市场工价的变化而重新找工作，从这个意义上讲，招聘工价很大程度上反映了在职者的薪资水平；但另一方面，招聘数量并不反映用工规模，尤其是在较小的时间窗口内，例如会存在部分企业在某一时期招足了人，后续两三个月只做较小的用工规模调整的情形。在进行月度价格加权时，如果以当月招聘规模做权重，则不能反映企业本身在用工市场上的重要性。第三，灵活用工本身具有较强的季节性。灵活用工价格和用工数量在年内的季节性现象非常明显，这使得订单价格的加权平均和用工数量加总并不能反映景气状况。其中，季节性因素的处理相对简单，考虑到灵活用工的季节性波动在不同年份间差异不大（向宽虎，陆铭，2022），同比增长的指标即能够很大程度上克服季节性的影响。①但前两个因素的影响在计算月度加总价格和用工数量的同比增长时都必须加以考虑。

月度加总价格同比增长。我们采用订单层面的加权平均的方式计算月度加总价格,这面临三个干扰因素。第一,即使岗位的技能要求完全一样,设立岗位的企业也位于同一城市,同一时期的招聘工价在不同企业间也有可能由于工厂固有的工作环境和企业文化等因素的差异而产生不同。第二,由于企业间订单周期和在用工市场上受欢迎程度的差异,较短时间窗口内的招聘数量并不代表用工企业在灵活用工市场上的重要性。第三,平台的扩张意味着陆续有新的企业进入,而新进企业可能由于自身固有特征,采用和其他企业不一样的招聘工价,这时新进企业进入平台导致的加权平均工价变化并不代表制造业整体景气程度的变化。为了剔除这三个因

---

① 由于招工数量信息的季节性波动幅度较大,为了避免上一年的异常波动导致下一年的用工数量同比增长率产生大幅波动,我们在计算用工数量同比增长率时,采用去年同月及前后各一月招工数量的算术平均值作为分母。

素的干扰，使加权的价格更能够反映制造业总体的信息，我们采取了两项措施：第一，以剔除企业固定效应后的招聘工价残差项作为计算加权平均价格的依据；第二，订单采用相对稳定的权重，具体而言，采用某一日期前企业的招聘总规模作为其招聘订单的权重，并且6个月更新一次该权重。

月度加总用工数量同比增长率。我们通过简单加总的方式汇总每月的招聘人数。由于我们采用的是一家灵活用工平台的数据，其仍处于扩张阶段，因此用工人数必须剔除其业务扩张的影响才能更准确地反映市场用工的规模变化。我们采用的方式是，以截至每个月通过平台招过工的所有企业的总规模来代表平台规模。其中，每个企业的规模按照其在招工月份的月均招工规模计算。具体到每个月的平台扩张速度，我们用过去12个月平台规模扩张速度的均值来代表。

$$平台扩张速度_t = \frac{1}{12} \times \left(\frac{平台规模_t}{平台规模_{t-12}} \right) - 1$$

而月度加总用工数量同比增长率则为简单加总的月度用工数量同比增长率减去平台扩张速度。

指数计算结果

总指数。本章LIMP的计算采用了来自互联网灵活用工平台"我的打工网"2018年9月1日至2022年8月16日的实时招聘订单数据,其中,2022年8月的数值为根据8月1—16日的数据推算的结果。截至2022年8月,LIMP的具体数值以及五档的划分情况如图3-4所示。

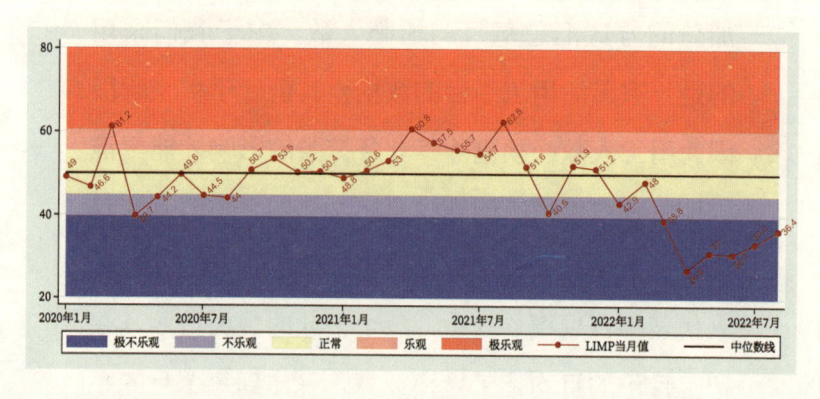

图3-4 制造业景气先行指数:2020年1月—2022年8月

2022年8月的LIMP为36.4,7月的LIMP为33.2。这两个月,该指数虽仍处于"极不乐观"区间,但和5—6月相比回升明显,且已逼近"不乐观"区间。

工价指数。工价指数是合成总指数的构成之一,其在总指数中的权重为 0.6。截至 2022 年 8 月，工价指数的具体数值以及五档的划分情况如图 3-5 所示。工价指数 2022 年 8 月的数值为 27.5，7 月为 32.1，8 月较 7 月有一定程度的恶化。这两个月工价指数处于"极不乐观"区间，8 月的数值是 2020 年以来最低的，甚至略低于 2022 年 4—5 月上海新冠肺炎疫情冲击最严重时的水平。

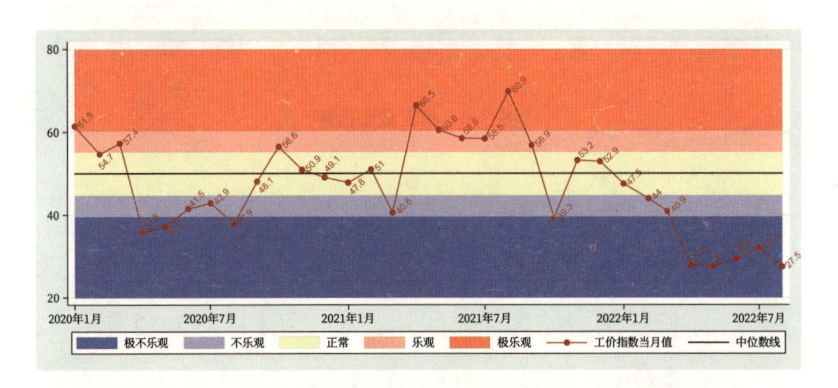

图 3-5 工价指数

用工数量指数。用工数量指数是合成总指数的构成之一，其在总指数中的权重为 0.4。截至 2022 年 8 月，用工数量指数的具体数值以及五档的划分情况如图 3-6 所示。用工数量指数 2022 年 8 月的数值为 49.7，7 月为 34.8，8 月较 7 月有明显的回升，在2022年3月受到新冠肺炎疫情冲击之后，首次进入"正常"区间。

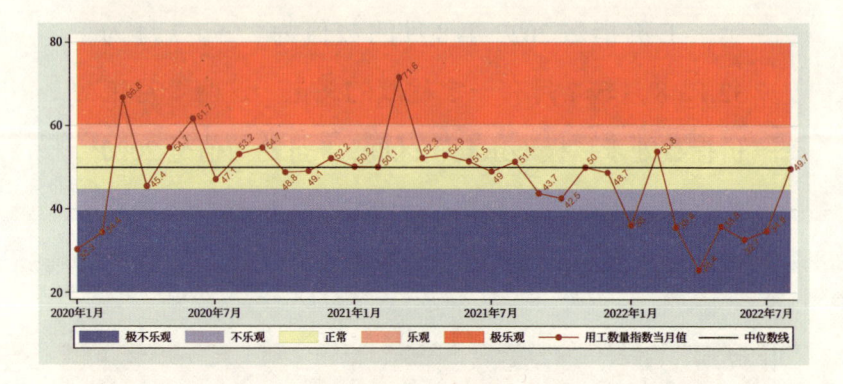

图3-6 用工数量指数

分区域指数

长三角。如图3-7所示，长三角LIMP 2022年8月的数值为35.3，7月为32.8，8月较7月有较大幅度的回升。这两个月，长三角LIMP处于"极不乐观"区间，但回升趋势明显。

珠三角。如图3-8所示，珠三角LIMP 2022年8月的数值为43.3，7月为39.8，8月较7月回升明显。这两个月，珠三角LIMP回升至"不乐观"区间。相比于长三角，珠三角地区LIMP从6月之后表现更好，已回升至"不乐观"区间，且有继续回升的趋势。

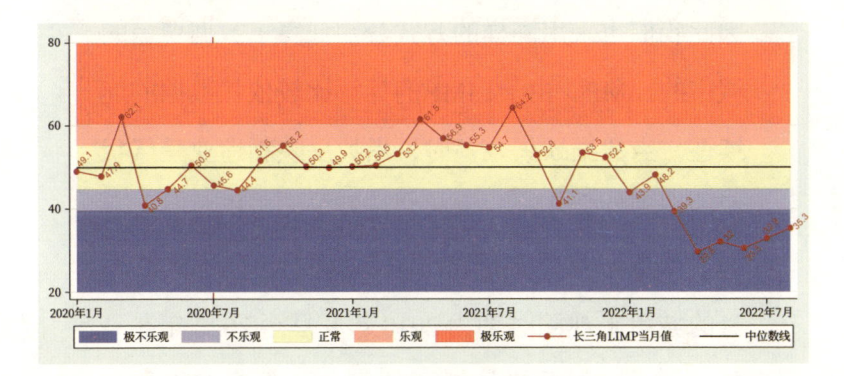

图 3-7 长三角地区制造业景气先行指数

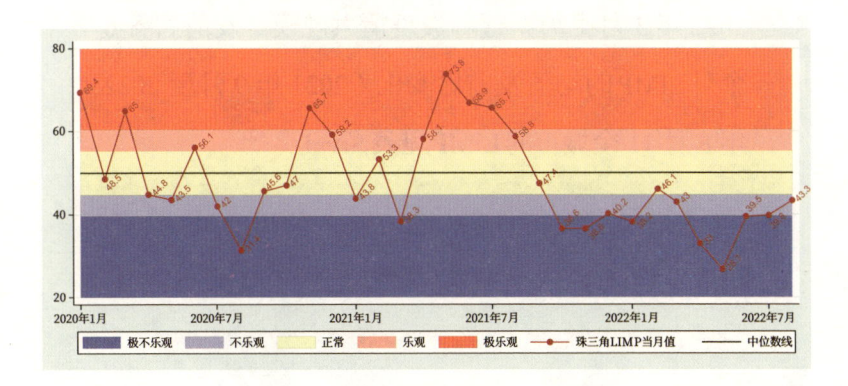

图 3-8 珠三角地区制造业景气先行指数

十一城分城市指数

由于"我的打工网"的业务范围覆盖多个城市,因此我们也采用同样的方式分别计算了数据覆盖的城市的LIMP。由于LIMP的计算比较依赖数据的连续性,当数据缺失较多时,指数反映制造业景气状况的准确性会下降,因此在计算分城市指数时,我们只保留了那些有招聘订单数据的月份大于40个月的城市(观测时期为2018年9月至2022年8月,共48个月),最终计算了长三角8个城市和珠三角3个城市的LIMP。表3-1报告了这11个城市在2022年3月上海新冠肺炎疫情大规模暴发前后各6个月LIMP的均值及前后变化(2021年9月至2022年8月11个城市的LIMP见表3A-1)。[①]

[①] 我们定义2022年3月及以后的时期为上海新冠肺炎疫情暴发之后的时期。

表3-1　11个城市在上海新冠肺炎疫情大规模暴发前后的
LIMP均值及其变化

地区	城市	新冠肺炎疫情前LIMP均值	新冠肺炎疫情后LIMP均值	新冠肺炎疫情冲击
长三角	上海	52.2	36.0	16.2
	苏州	51.9	44.4	7.5
	嘉兴	49.9	44.9	5.0
	无锡	45.6	44.7	0.9
	常州	52.9	41.4	11.5
	南京	46.0	52.4	−6.4
	南通	45.5	46.1	−0.6
	盐城	44.0	41.8	2.2
珠三角	深圳	48.0	46.1	1.9
	东莞	50.4	45.5	4.9
	惠州	46.6	43.8	2.8

注：新冠肺炎疫情冲击的度量方式为2022年3月上海新冠肺炎疫情大规模暴发前的LIMP均值减去2022年3月上海新冠肺炎疫情暴发后的LIMP均值，数值越大代表上海新冠肺炎疫情的冲击越严重。

总体而言，在2022年上海新冠肺炎疫情暴发之后，11个城市中有9个城市的LIMP出现了下降，无锡、南通的LIMP变化不大，南京的LIMP反而有所上升。从2022年3月上海新冠肺炎疫情大规模暴发前后的变化幅度看，上海自身受到的冲击最大，其次是长三角的常州、苏州和嘉兴，以及珠三角的东莞、惠州、盐城和深圳虽然也受到负向冲击,但冲击的力度相对较小。

新冠肺炎疫情冲击的影响及上海中心城市功能

由于灵活用工数据的优势和LIMP构建过程中对干扰因素的处理,LIMP能够比较好地反映宏观经济,尤其是制造业的实时变化。而我们运用灵活用工大数据构建LIMP之时,正值2022年3—5月上海新冠肺炎疫情暴发的时期。因此,运用LIMP时时关注全国及地区层面制造业受到的影响,则成了该指数的重要应用。与此同时,由于本轮新冠肺炎疫情暴发的中心之一在上海,通过不同城市LIMP在新冠肺炎疫情前后的变化,也能看出上海对其他城市经济影响的大小。

新冠肺炎疫情冲击的影响

根据LIMP变化,并结合经济运行的基本逻辑,我们可以总结出自2022年3月上海新冠肺炎疫情暴发以来,制造业景气程度变化的几个特征。

第一，在上海新冠肺炎疫情暴发后的6个月内，制造业的总体状况都不乐观。从图3-4可以看出，制造业景气先行指数落入"极不乐观"区间，是过去两年从未发生的事。即使在2020年上半年，该指数的低值也仅处在"极不乐观"和"不乐观"的边界处，但从2022年3月开始，该指数落入"极不乐观"区间并持续到当前。并且，用工数量指数和工价指数在3—7月都处在"极不乐观"区间。

第二，从区域来看，新冠肺炎疫情暴发之后长三角地区制造业不景气的情况更为严重，但珠三角地区也遭受了明显的负面冲击。从图3-7和图3-8可以看出，和长三角地区相比，珠三角地区的总体表现相对更好，但也处在历史低位。分城市来看，11个城市中，受到新冠肺炎疫情冲击负面影响的城市占大多数，仅南京一个城市在上海新冠肺炎疫情暴发之后的平均表现优于新冠肺炎疫情暴发之前。

第三，从经济恢复的情况来看，虽然2022年7—8月LIMP仍处在"极不乐观"区间，但已经有明显的恢复。从总指数的两个构成来看，如图3-5

和图 3-6 所示，用工数量的恢复更为明显，而用工价格仍然在低位徘徊。

综合来看，2022 年上海新冠肺炎疫情对制造业的冲击是较大的。做出这一判断的依据主要有三点。第一，根据 LIMP 构建的规制，"极不乐观"区间对应的是可能出现的最差的 15% 的情形，截至当年 8 月，上海新冠肺炎疫情得到控制之后近 3 个月，LIMP 仍未走出"极不乐观"区间。由于本指数的先行性，这一"极不乐观"的情况，会陆续反映在后续的各类指标上。第二，LIMP 在新冠肺炎疫情暴发后的下降可能更多地反映了制造业订单的大幅下滑。一般而言，灵活用工的状况是供需双方共同决定的，尤其是工价的变化。但根据我们在 2022 年 6 月的一次调研，部分农民工由于常态化核酸带来的不便，选择待在老家，或者在老家附近打工。由于农民工是制造业灵活就业的主要来源群体，这一因素意味着劳动供给是相对下降的。因此，前文看到的用工价格的不乐观情况，背后更可能是灵活用工的需求方，即制造业订单受到了影响。第三，业内人士指出，2022 年 5 月 LIMP 反弹的一部分原因是企业为了按期完成之前接到的但因新冠肺炎疫情管控完工进度受到影响的订单。考虑这一因素后，制造业订单的恢复可能会更晚。

新冠肺炎疫情经济冲击的蔓延与上海的中心城市功能

表3-1所示的分城市LIMP显示，在从2022年3月至5月底这一波新冠肺炎疫情中，上海经济受到了严重影响。不仅如此，长三角地区和珠三角地区也经历了LIMP的下滑。长三角其他城市和珠三角地区LIMP在上海新冠肺炎疫情期间的下滑，是由于上海作为经济中心、金融中心、贸易中心、航运中心和科创中心的重要性，使得新冠肺炎疫情及其管控措施通过产业链影响到了其他城市。一方面，在这些城市本身新冠肺炎疫情并不严重的情况下，上海的新冠肺炎疫情及其管控措施使得产业链的某些环节处于停摆状态，从而使得布局在其他地区的后续生产环节无法进行。另一方面，上海产业链功能的缺失使得全国制造业产业链的竞争优势下降，从而对制造业整体产生了不利影响。

如果上海新冠肺炎疫情前后其他地区LIMP的下滑，确实是由于上海新冠肺炎疫情及其管控措施的影响通过产业链外溢到其他地区，那么理论上和上海产业关联越强的地区，面临的负向冲击就越大。此处，我们利用11个城市的数据进行了两个方面的验证。第一，看各城市新冠肺炎疫情前后LIMP变化程度与其到上海的距离的相关性。理论上，由于存在运输成本，产业链的不同环节在空间上倾向于集聚，因此离上海越近的地区和上海的产业关联应该越强，受上海新冠肺炎疫情的冲击也越大。第二，看各城市新冠肺炎疫情前后LIMP变化程度与新冠肺炎疫情前和上海产业关联度的关系。地区分割等因素可能使得距离远近和产业关联强弱之间的关系变得复杂。因此，我们用新冠肺炎疫情前各城市LIMP月度数据在时间序列上的相关系数来度量新冠肺炎疫情前的产业关联，并分析其与新冠肺炎疫情前后LIMP下降程度的关系。

首先是城市LIMP下降幅度与到上海的距离的关系。如图3-9所示，总体而言，到上海距离越远，LIMP的下降幅度越小。如果把分析范围集中在长

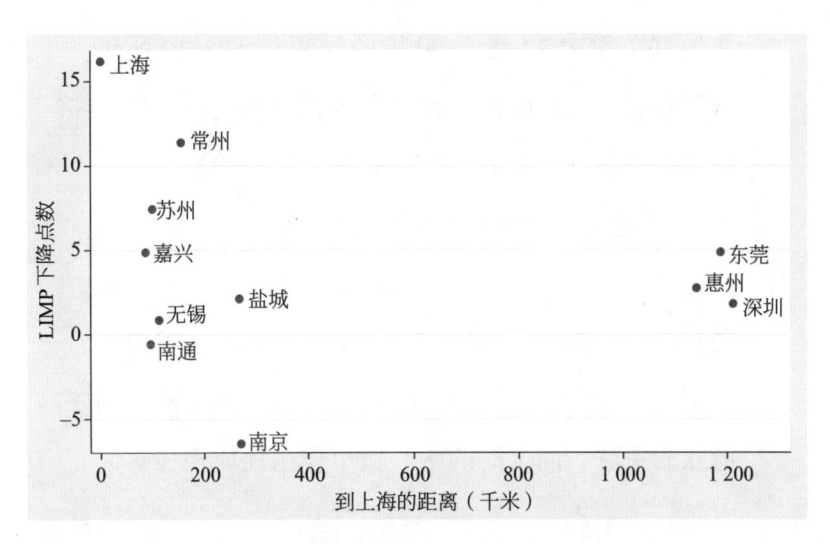

图 3-9 到上海的距离和新冠肺炎疫情前后 LIMP 的变化

三角地区内部，随着到上海距离的增加，新冠肺炎疫情冲击程度下降的趋势更加明显。但距离上海更远的深圳、东莞和惠州，受到的影响反而大于长三角地区距上海较远的南京和南通。

其次是城市 LIMP 下降幅度与用 LIMP 相关系数度量的产业关联之间的关系。如前所述，用距离来表示产业关联可能有一定的误差，此处采用 2022 年 3 月上海新冠肺炎疫情大规模暴发前城市间 LIMP 在时间序列上的相关系数来度量城市间的产业关联（见表3A-2）。分析的结果如图3-10所示。可以看到，总体而言，2022年3月上海新冠肺炎疫情大规模暴发前和上海产业关联越强的地方，LIMP受到新冠肺炎疫情冲击的影响越大。同时，图3-10也显示，一些位于长三角的城市，如南京、嘉兴、无锡、盐城和南通，和上海的LIMP的相关性并不强。这可能是由于LIMP的相关性只度量了制造业的关联，而上海的中心城市作用还体现在其他方面。

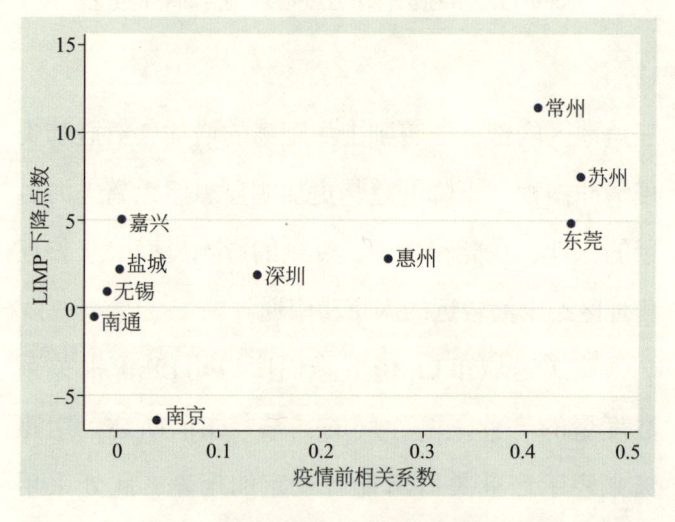

图3-10　2022年3月上海新冠肺炎疫情大规模暴发前的产业关联与新冠肺炎疫情前后LIMP的变化

结语：展望市场一体化进程与中心城市功能

当前，中国经济正在加快建设统一大市场，而新的数据技术结合平台经济正在助推市场一体化。根据我们的判断，在此进程中，中心城市的作用仍将继续上升。

> 新的数据技术结合平台经济正在助推市场一体化。

不可否认，制造业的发展对我国经济仍有着十分重要的意义，制造业景气状况的实时变化也是宏观政策制定的重要依据。本章利用互联网平台"我的打工网"的灵活用工大数据，构造了制造业景气先行指数，以精准、高频、先行地反映制造业乃至宏观经济的景气状况，以便为实时、科学的宏观决策提供参考。与此同时，由于平台的业务范围覆盖多个城市，我们也计算了分地区和分城市的制造业景气先行指数。在此基础上，我们分析了2022年上海新冠肺炎疫情前后的制造业景气状况的变化，以及上海作为中心城市，其本轮新冠肺炎疫情的冲击如何影响了其他城市。

我们得到的结论主要有三个方面。第一，上海新冠肺炎疫情对制造业的冲击非常明显。在2022

年3月之后，总LIMP以及工价指数和用工数量指数两个分指数都有明显的下跌。第二，上海新冠肺炎疫情不仅影响了上海，还影响了长、珠三角地区的其他城市。在2022年3月之后，长三角地区和珠三角地区的LIMP走势虽有不同，但都经历了明显的下跌。分城市来看，2022年3月之后，在除上海之外的10个样本城市中，8个城市的LIMP经历了下跌。第三，分城市来看，其他城市受到新冠肺炎疫情的影响程度和其到上海的距离有关，但这一关系并不是线性的。在长三角内部，总体而言，距上海越远，新冠肺炎疫情的冲击越弱。在除上海外的7个长三角样本城市中，距离上海较远的南通和南京，LIMP甚至并没有下降；而距离上海更远的深圳、惠州和东莞，LIMP却有明显下降。同时，我们也发现，在上海新冠肺炎疫情暴发前各城市到上海的距离，与其LIMP和上海LIMP在时间维度的相关系数也呈现出类似的关联。

我们的LIMP虽然来源于制造业灵活用工的大数据，但其实可以反映长三角、珠三角甚至整个中国经济的发展态势。当前中国经济正在艰难复苏，具体到上海来说,新冠肺炎疫情的冲击带来了很多困难。在此期间,如果有些企业在考虑通过分散布局来规避风险,无可厚非,但从城市发展的逻辑来看,上海作为国家级中心城市和长三角城市群龙头的使命并不会变。上海具有长江经济带和亚太城市带交点位置的"地利",有整个国家推进更高水平改革开放的"天时",因此,也必须要有不畏艰难险阻、勇于担当、团结向上的"人和"。

> 上海具有长江经济带和亚太城市带交点位置的"地利",有整个国家推进更高水平改革开放的"天时",因此,也必须要有不畏艰难险阻、勇于担当、团结向上的"人和"。

长江与黄河不会倒流,中国改革开放的步伐也不会停止。面向未来,上海必定继续通过经济、金融、贸易、航运和科创5个中心的功能,对近到城市自身和长三角,远到整个国家甚至整个世界的发展产生深远的影响。也是出于同样的逻辑,其他"大城强城"也势必在未来继续发挥中心城市的作用,带动中小城市共同发展。下一章将展现县城的发展,及其在整个国家空间格局中的区位和差异化发展路径。

附录 3A

表 3A-1　11 个城市 2021 年 9 月—2022 年 8 月的 LIMP

城市	2021年9月	2021年10月	2021年11月	2021年12月	2022年1月	2022年2月	2022年3月	2022年4月	2022年5月	2022年6月	2022年7月	2022年8月
上海	55.6	46.8	50.7	54.7	52.2	53.4	45.2	/	46.5	42.4	39.8	42.2
苏州	54.2	48.0	54.2	53.8	50.5	50.6	47.9	44.1	43.9	43.1	44.3	43.1
嘉兴	52.8	48.9	50.7	52.4	47.8	47.0	45.7	47.8	44.6	43.9	43.7	43.6
无锡	52.7	42.4	44.4	46.5	42.3	45.4	48.8	47.3	44.8	41.8	42.2	43.3
常州	76.9	48.4	41.6	47.7	51.7	50.8	43.4	35.6	44.9	42.3	43.5	38.8
南京	51.2	38.4	45.0	52.7	39.6	48.9	46.2	41.7	42.1	46.8	70.2	67.3
南通	47.9	45.1	43.6	45.2	45.2	46.3	47.1	46.0	45.7	46.4	46.7	44.6
盐城	48.3	45.9	45.2	45.3	36.7	42.7	44.6	44.5	40.6	41.0	39.7	40.5
深圳	46.2	43.0	50.1	50.1	48.1	50.7	47.9	49.2	42.8	46.3	45.0	45.7
东莞	54.2	51.2	45.6	50.7	47.3	53.2	47.3	45.9	41.0	46.9	45.9	46.1
惠州	54.2	45.6	42.0	44.2	46.1	47.4	54.7	39.1	39.9	41.3	42.3	45.3

注：上海 2022 年 4 月的数据缺失是由于当月没有上海的企业招聘订单。

表 3A-2　11 个城市在 2022 年 3 月上海新冠肺炎疫情大规模暴发前的 LIMP 相关系数

	上海	苏州	无锡	常州	嘉兴	南通	盐城	南京	东莞	惠州	深圳
上海	1.00										
苏州	0.45*	1.00									
无锡	−0.01	0.02	1.00								
常州	0.41*	0.49*	0.10	1.00							
嘉兴	0.01	0.25	0.23	−0.07	1.00						
南通	−0.02	0.20	−0.17	0.29	0.36	1.00					
盐城	0.00	0.36	0.50*	0.18	0.42*	0.23	1.00				
南京	0.04	0.51*	0.50*	0.45*	0.11	0.09	0.60*	1.00			
东莞	0.44*	0.20	0.20	0.22	0.13	0.37	0.13	0.06	1.00		
惠州	0.27	0.39	0.50*	0.25	0.28	0.24	0.58*	0.37	0.36	1.00	
深圳	0.14	0.51*	0.29	0.15	0.05	0.05	0.42*	0.42*	0.10	0.65*	1.00

注：*表示在 5% 的水平上显著。

第四章

中国县城发展

随着现代化水平的提高，不同城市之间形成了一体化的发展格局，区域经济的空间形态已经表现为城市群。城市群的核心当然是那些"大城强城"，但城市群又天然是由不同规模的城市所组成的"城市体系"。无论到何时，县城都占有相当大的人口比重，是整个国家和城市发展的重要组成部分。

以2019年中央财经委员会第五次会议和《中华人民共和国国民经济和社会发展第十四个五年规划和2035年远景目标纲要》为标志，国家逐步确立了"在发展中促进相对平衡"的区域协调发展思路。在此基础上，2022年中共中央办公厅、国务院办公厅印发了《关于推进以县城为重要载体的城镇化建设的意见》(下文简称《意见》),提出要"科学把握功能定位,分类引导县城发展方向",并且将县城分为五类,引导差异化发展,加快发展大城市周边县城,积极培育专业功能县城,合理发展农产品主产区县城,有序发展重点生态功能区县城,引导人口流失县城转型发展。

在这一部分,我们将转而关注县城的发展,从而与"大城强城"一起,拼贴出中国城市发展的完整图景。

人口空间变局中的县城

在中国,县城往往被当作小城市的代名词。实际上,很多欧美国家的市就相当于我们的县。而且中国的县级市差别非常大,江苏的昆山市人口超过200万,而西藏札达县由阿里地区管辖,总面积约为27 500平方千米,比杭州、北京还要大,相当于4个上海,常住人口却只有8 000多人。

县城仍然是中国经济和人口的重要载体。本章将城市的非市辖区统称为县城,包括县、县级市，以及少数民族自治县、旗等，不仅包括通常所说的县城，即县的城区，也包括县内其他乡镇，因为中国很多未计入城区的乡镇规模庞大、经济发达，承载了大量人口。在这种定义下，中国的县城占89.48%的国土面积，即使排除面积较大的新疆、西藏、青海和内蒙古，该比例仍有83.30%。在2019年新冠肺炎疫情暴发之前，中国县城的GDP占全国GDP的38%左右。在2020年人口普查期间，全国有53.36%的人口居住在县城，超过7.5亿人，其中县和县级市的城区人口大约为2.5亿。"皇权止于县"已成过眼烟云，"郡县治，天下安"却仍未退出历史舞台。

但是，也要看到，中国的经济活动和人口空间分布正在进行巨大的调整，县城发展也应该被置于这个大背景下进行审视。

经济和人口不断集中

中国县城发展的第一个背景是，经济和人口正在进一步往沿海、大城市和中心城区集中（陆铭，2022）。截至2019年年底，在我们收集的有完整 GDP 数据的 366 个城市中，前 8 个大城市集中了全国 20% 的 GDP，前 16 个城市集中了全国 30% 的 GDP，前 43 个城市集中了全国 50% 的 GDP。人口的集中程度相对而言要低一些，但是截至 2020 年年底全国人口普查时，在我们收集的有完整人口数据的 357 个城市中，前 19 个城市集中了全国 20% 的人口，前 34 个城市集中了全国 30% 的人口，前 76 个城市集中了全国 50% 的人口。在区县层面，在有完整数据的 2 714 个区县中，前 154 个区县集中了全国 20% 的人口（其中 103 个为市辖区，51 个为县城），前 283 个区县集中了全国 30% 的人口（其中 177 个为市辖区，106 个为县城），前 610 个区县集中了全国 50% 的人口（其中 335 个为市辖区，275 个为县城）。

同时，研究结果显示，2000—2010 年区县层面的人口的基尼系数增加了 1 个百分点，而 2010—2020 年则增加了 3 个百分点，县城之间人口集中的趋势并没有放缓。

> 县城之间人口集中的趋势并没有放缓。

城市群和都市圈正在成为经济和人口的主要空间载体

随着经济的发展和城市的扩张，城市群和都市圈正在成为经济和人口的主要空间载体。中国的城市群 2019 年创造了全国 83.07% 的 GDP，2020 年承载了全国 77.82% 的人口；即使将杭州、南京、长沙、南昌等城市记为次中心，城市群的 27 个核心城市 2019 年也创造了全国 30.29% 的 GDP，2020 年承载了全国 21.37% 的人口。

由车流大数据绘制的轨迹图显示（陆铭，2022），中国的城市群已经清晰可见，群内的各城市紧密联系形成了一张网络。这些城市群往往由一个或者几个中心城市辐射带动。但是研究也发现中心城市和都市圈的辐射带动作用随距离衰减（陆铭，2022），因此距离中心城市的远近，会直接影响城市和区县的发展潜力，形成大中小不等的城市和县城。

恰恰因为县城的发展已经融入了以中心城市为核心的城市群，因此不能笼统地谈县城发展，而是要把县

> 距离中心城市的远近，会直接影响城市和区县的发展潜力，形成大中小不等的城市和县城。

> 要把县城的区位作为最为重要的因素，来看县城的分工和差异化发展。

第四章　中国县城发展

城的区位作为最为重要的因素，来看县城的分工和差异化发展。

相互分工的中国县城

中国的县与国际上的郡县对比

中国的"县"和"城市"的行政区划与国际上稍有不同，因此有必要先将中国的县（county）和城市（city）与国际上的郡县（county）和城市（city）做一个简单的对比。国际上，郡县往往是隶属于省或者州的下一级行政单位；而城市则是郡县中连片发展的区域，一般经济水平和人口密度较高，而且往往是自治单位。在中国，省下面一级的行政单位一般是地级市，县或者县级市（county）是地级市的下一级行政机构。如果对标国际，中国"城市"的空间载体是直辖市的市辖区、地级市的市辖区和县城的城区。

因此，中国经济发展较好的很多县城，已经是城市甚至中等城市或大城市了。如苏州市下辖的县级市昆山市，2019年GDP为4 045.06亿元，即使放到直辖市和地级市中去比也能排到第 56 位，同时昆山市 2020 年人口也已经超过了 209 万。如果将昆山市看作一个城市（city），那么放到国际上也已经是大城市了。

与此同时，2020 年中国有 237 个县人口小于 10 万，有 107 个县人口小于 5 万，有 23 个县人口小于 2 万，其中有很多县都是连片的农业区、林区或者生态保护区。如果对标国际，这些县可以叫作郡县（county），但是即使其中有很多城区也不能称作城市（city），整个县更像是连片的农业区。

县城的分类

县城的发展依赖于地理、产业、气候、自然环境等因素，其中距离和特色比较重要，两者又相互影响（陆铭，2021）。距离是指到大城市或者沿海大港口的距离，特色则是指产业的特色。距离大城市和大港口较近，意味着进入本地大市场和国际市场的成本较低，可以直接融入大城市或者都市圈的发展，依据自身条件，发展农业和都市休闲业，承接制造业，发展物流等服务行业，或者对接国际市场，发展外向型经济。距离大城市和大港口越远，越需要关注产业的特色。产业的特色决定了产业的比较优势和辐射力：农产品、旅游风景区、矿产等，如果特色明显而稀缺，可以具备辐射全国甚至全世界的能力，相应的农产品加工、旅游服务、矿产开发和加工等都可以发展起来，但是如果特色不明显，就只能服务本地市场；相应地，工业制成品对矿产等自然地理的依赖性要弱于交通的便利性、市场规模、技术外溢等，某个行业如果有条件发展成产业集群，依然可以在距离大城市和大港口一定距离的范围内建立起自己的比较优势；现代服务业如金融、通信、商业服务业等行业的发展，则对人才和接近中心城市的要求较高。

根据距离和特色，我们可以将中国的县城分为四类，这一分类与《意见》的分类相似。第一类是大城市周边县城。第二类是专业功能县城。第三类是保障型县城，包括农产品主产区县城、生态功能区县城和边境县城等。第四类是人口流失县城。其中，第四类人口流失县城与前面三类县城有所交叉，前面三类县城中均存在人口流失县城。

一、大城市周边县城。由于大城市往往距离大港口较近或者是陆上交通枢纽，集聚了较多优势产业，同时人口规模较大，所以大城市周边的县城，只要有交通、服务等要素的配套，既可以发展制造业、物流，也可以发展都市农业，与大城市形成协同互补。如果县城距离大城市比较近，而大城市的辐射力又足够大，甚至也可以融入都市圈，成为大城市的卫星城和居住地。同时由于大城市往往具有优越的地理条件，这些县城也往往地理条件优越、交通发达，可以发展成制造业基地，如紧邻上海的昆山市、撤县设区之前的萧山市等。

大城市周围有很多县或者县级市经济并不十分发达，但是随着都市圈的进一步发展，大城市的辐射力增强，这些县可以进一步融入都市圈，或者与城市群的中心城市形成互补。即使距离稍远一点，比如莫干山景区所在的德清县和邻近的安吉县，随着上海、杭州等中心城市的发展和交通的改善，近年来当地的旅游、休闲、茶叶等也越来越受到大城市居民的青睐，制造业和高新科技产业也在迅速发展。

这里需要指出的是，城市群范围内的县城，如果远离中心城市，未必具有经济集聚的优势。由于城市群范围较大，而城市经济的发展往往连片或者呈网络状，如果县城远离中心城市，并且不在交通枢纽或者经济带上，很可能不具备发展大规模制造业的条件，服务于产业和人口集聚的服务业也难以增长。如长三角城市群内的皖北、皖南和苏北，以及粤港澳城市群东北部的一些县城，人口仍然在不断流出。

二、专业功能县城。这些县城既包括产业具有优势、市场经济发达的县城，也包括因资源丰富、特色明显发展起来的县城。前者往往具有较好的地理条件和交通条件，形成了一定的产业集群。如浙江省金华市区域内的义乌市（省直辖）、东阳市（省直辖）、永康市，在小商品、影视、五金等行业有鲜明的特色，虽然没有紧邻上海或杭州，但是产业发展较好。并且，义乌（约185万人）和东阳（约108万人）两个县城相邻，已经连片发展，有发展为大城市的趋势。类似的县城，如福建泉州的晋江市、浙江温州的瑞安市、浙江宁波的慈溪市、山东潍坊的寿光市等沿海县城，很多也是省直辖县。即使是内陆地区的县城，如果找到适合的产业，也可以在经济上取得长足的发展。如山东菏泽市的曹县和湖北的仙桃市，汉服生产、木材加工、无纺布制造等行业的发展，带动了当地经济的发展和人口的流入。

即使没有制造业的发展，特色的农业、旅游业、矿产资源，也可以带动一些县城的发展。除了上面提到的寿光市，有些县城通过茶叶、花卉、蔬菜、鸡鸭鹅、羊绒等农牧产品的生产，以及配套的物流、贸易和深加工，实现了产业的专业化，如盛产铁观音的泉州市安溪县①，中国"羊绒之都"邢台市清河县，以及山东省的一些农业大县等。有些县城依托独特的旅游资源，进行服务业的开发，如吉林长白山脚下的"万达小镇"（抚松县），云南西双版纳

---

① 这里值得一提的是定西市安定区的马铃薯生产和加工产业集群。由于交通、农产品加工、合作组织等对于农产品的生产和销售非常重要，对中西部而言，有些农产品的生产、加工和运输，可能也需要地级市层面的物流网络和技术人才提供支持。

所在的景洪市（也是西双版纳傣族自治州的首府）。有些县城依靠特殊的产业持续发展，如海南航天城文昌市。有些县城则依靠矿产资源的开发。然而单个产业会面临一定的风险，尤其矿产资源还存在逐步枯竭的可能性。

三、保障型县城。包括农产品主产区县城、生态功能区县城和边境县城等。这类县城虽然也有农产品的加工和各种产业的发展，但是由于地理、产业和生态环境的限制，主要以农业生产、生态保护、强边固边为主。这类县城数目庞大，而且由于产业和环境的限制，其经济和人口承载力有限，因此不能一味强调做大做强，在GDP总量的考核上应该给予一定的松绑，相应制定人均GDP、居民幸福感的发展目标。而有些生态功能区、边境地区的县城，虽然人口会不断减少，但是其生态涵养、强边固边的功能非常重要，因此也需要给予一定的转移支付，支持教育、医疗、交通等公共服务的发展，发展边境贸易，保持生态平衡。

四、人口流失县城。这并不是单独的一类县城，前三类县城都可能出现人口流失，只是由于第三类县城的经济和人口承载力相对较弱，人口流失的情况会相对严重一些。人口往发达、宜居的地方流动，是经济规律，无须恐惧；但是，人口流失县城如何因势利导，既促进人口流动，又引导县城转型，发展成宜居、便捷、可持续发展的地区，则需要一系列制度上的改革，如人口和公共服务资源的适度集中，农业用地和宅基地的流转、改造，生态环境的修复等。

同时，有些县城仍然保留了一些有比较优势的产业，只是由于产业所容纳的人口有限，人口依然在不断减少（如湖北兴山县），甚至有些农产品大县人口流出较多（如东北的一些县城），但是随着时间的推移，人口会逐渐减少到与经济相匹配的规模，届时，县城的产业仍然具有较强的优势，环境也更加宜居，县城的发展可以进入良性轨道。

从人口增减看中国县城

在中国城镇化的进程中，国家政策与客观规律同时发挥作用，因此，对于县域城镇化的讨论首先要放在中国城镇化的大背景下，其中最重要的是厘清人口流动和建设用地空间配置情况，并分析其背后的原因，从而更好地理解县域城镇化的发展趋势。

中国城镇化的人口政策演变

虽然中国的城镇化取得了举世瞩目的成就，但相关政策一直在探索中前行。1980年召开的全国城市规划工作会议提出，中国城市发展的总方针是"控制大城市规模、合理发展中小城市、积极发展小城镇"，户籍制度以及公共服务与户口挂钩的机制设计严重制约了城镇化的速度和质量。2001年，"十五"计划纲要首次提出"大中小城市和小城镇协调发展的多样化道路"，城镇化速度明显加快，但这一时期的超大、特大城市的发展仍然受到人口规模的限制。近些年来，提高中心城市和城市群的经济和人口承载力成为新发展阶段的重要动力，城镇化政策也更加关注基础设施建设和公共服务供给与人口流动方向的匹配。

总的来说，相关政策的探索一方面与发展阶段有关。在经济发展的早期阶段，制造业和服务业的发展对规模经济的依赖程度不高，甚至乡镇企业在特定时期成为国家经济发展的重要支柱,这也进一步强化了发展中小城市和小城镇的政策。然而,随着发展阶段的转变,现代经济的发展越来越依赖于服务业和制造业的规模效应,大城市的辐射带动作用被不断强化,这也是近年来城镇化政策转变的背景。另一方面,不可否认的是,在观念上,社会上长期存在对城市病等问题的过度担忧,而忽视了城市病是可以通过现代手段治理的(李杰伟、陆铭,2018;陆铭、李杰伟、韩立彬,2019);在制度上,因为教育、医疗等公共服务主要由当地财政承担,因此大城市面向常住人口的改革激励不足,而这些在当下仍然是推动以人为核心的新型城镇化的障碍。

县域城镇化与人口空间布局的调整

人是城镇化的核心,而且人口的流动相对于建设用地更能反映客观规律的作用,因而首先需要将县域城镇化放在中国人口空间布局大调整的背景下进行讨论。

基于上文对中国县城的分类,接下来我们通过2010年和2020年人口普查的区县数据来看中国县城的发展状况。上述人口普查数据已经通过一系列调整统一了口径（李杰伟等，2021），2020年的人口减去2010年的人口就是2010—2020年人口的变化量。

基于上述人口普查数据，在表4-1中，我们根据县市的区位条件和人口流动情况进行分类，结果表明，到沿海大港口和大城市的距离越短，人口流入的县市数量和人口比例越高，而到沿海大港口和大城市距离超过500千米的县市人口流出比例更高。具体来说，根据人口数量变化，有以下几类县城。

> 到沿海大港口和大城市的距离越短，人口流入的县市数量和人口比例越高，而到沿海大港口和大城市距离超过500千米的县市人口流出比例更高。

人口增长最多的县城往往距离大城市较近。

2010—2020年人口增长最多的县城，如果以自然断点法计算得到的人口增长13万以上的县城来衡量（对临界值13万做上下调整，结果类似），主要是城市群核心城市周围和杭州、南京、长沙、南昌等城市群次中心附近的县城，以及少数沿海的县城和少数民族地区，比如位于京津都市带的廊坊市固安县、上海邻近的昆山市、长沙的浏阳市、昆明

表 4-1 全国和县级市人口普查统计情况

县市类别		全部县市			人口流入县市			人口流出县市		
		数量（个）	2020年人口总数（万）	数量（个）	流入人口数（万）	占2010年当地总人口比例（%）	数量（个）	流出人口数（万）	占2010年当地总人口比例（%）
到沿海大港口的距离	<100千米	20	1 739	17	252	20	3	3	1
	100—300千米	199	10 404	67	432	11	132	500	7
	300—500千米	355	17 709	126	417	6	229	994	9
	>500千米	1 297	45 413	459	1 578	11	838	4 086	12
到大城市的距离	<50千米	28	1 749	14	200	22	14	66	9
	50—100千米	88	5 506	36	318	13	52	253	8
	100—300千米	660	30 699	176	850	9	484	2 205	10
	300—500千米	526	23 137	185	572	7	341	1 495	10
	>500千米	569	14 174	258	739	13	311	1 563	17

注：到大港口的距离为到上海、天津、香港的最短距离（下表同），到大城市的距离代表到北京、天津、上海、广州、重庆、成都、武汉、郑州、西安这9个国家中心城市的最短距离。"当地"指县级城市所在的地级市。数据来源于人口普查公开数据，行政区划调整与数据整理规则请见李杰伟等（2021）。

> 人口增长较快的县城，大部分都在大城市附近。

的安宁市。大城市对县城的影响非常明显。虽然大城市周围也有一些人口增长较慢甚至减少的县城，但是人口增长较快的县城，大部分都在大城市附近。人口增长最多的县城也包括很多专业功能县城，比如"皮革之都"海宁市、"国际小商品市场"义乌市、"影视之城"东阳市、"五金之都"永康市等。

2010—2020年人口增长超过13万的县城排列（按音序排名）如下[①]：安宁市（昆明市）、博罗县（惠州市）、长丰县（合肥市）、长沙县（长沙市）、常熟市（苏州市）、慈溪市（宁波市）、东阳市（金华市）、肥西县（合肥市）、福清市（福州市）、固安县（廊坊市）、海宁市（嘉兴市）、江阴市（无锡市）、胶州市（青岛市）、凯里市（黔东南苗族侗族自治州）、库尔勒市（巴音郭楞蒙古自治州）、昆山市（苏州市）、浏阳市（长沙市）、蒙自市（红河哈尼族彝族自治州）、闽侯县（福州市）、南昌县（南

[①] 原始数据来源于2010年和2020年两次全国人口普查数据，经作者调整统一口径之后计算得到。因为2010—2020年有些城市进行了复杂的行政区划调整，数据调整结果存在一定误差。

昌市)、青田县(丽水市)、清镇市(贵阳市)、三河市(廊坊市)、邵东市(邵阳市)、石河子市(石河子市)、沭阳县(宿迁市)、桐乡市(嘉兴市)、文山市(文山壮族苗族自治州)、西昌市(凉山彝族自治州)、新郑市(郑州市)、兴义市(黔西南布依族苗族自治州)、义乌市(金华市)、永康市(金华市)、余姚市(宁波市)、张家港市(苏州市)、中牟县(郑州市)。

人口增长较多的县城往往分布在沿海和大城市附近。

2010—2020年人口增长较多的县城,如果以自然断点法计算得到的人口增长3万—13万的县城来衡量(对临界值做上下调整,结果类似),一共有169个。平均而言,人口规模越大的县城,人口增加量也越大。这些县城虽然分布较广,但是大部分在沿海和城市群中心城市附近,典型的如浙江、福建东部沿海一带的一批县城。这类县城往往拥有特色产业,有一定经济支撑能力,如浙江的诸暨市,福建的晋江市、石狮市,在淡水珍珠养殖加工、鞋服和纺织品制造等方面有数十年的产业积累。有些县城则距离大城市中心较近，比如贵阳市附近的龙里县，依托地理和交通优势，发展成了西南地区的快递物流集散中心。有些甚至是辐射力较强的农业大县，如银川市的贺兰县、兰州市的榆中县等，在满足大城市农产品需求的同时，依托便捷的交通辐射到了更广阔的地区。

从统计数据可以看到，绝大部分人口增长3万—13万的县城都分布在距离城市群中心城市300千米范围内（见图4-1）。其中，200千米范围内的县城有111个，占66%；100千米范围内的县城有55个，占33%，这大约也是未来都市圈的范围。中心城市对县城的发展有巨大的影响。

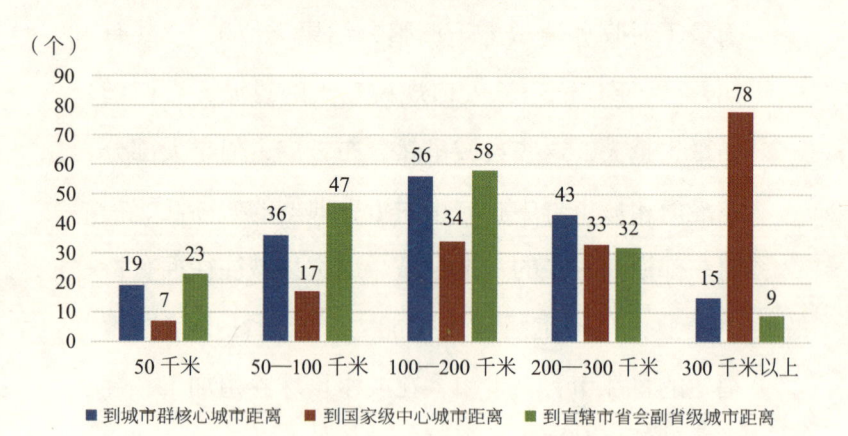

距离	到城市群核心城市距离	到国家级中心城市距离	到直辖市省会副省级城市距离
50千米	19	7	23
50—100千米	36	17	47
100—200千米	56	34	58
200—300千米	43	33	32
300千米以上	15	78	9

图4-1　2010—2020年人口增加3万—13万的县城的空间分布

人口增加或减少不多的县城往往在外围地区。

这类县城数量最多，从统计结果看，人口从减少3万到增加3万之间的县城共有963个，主要分布在城市群相对外围的地区或者非城市群地区。这类县城的产业往往无法支撑足够的人口，或者以农业、旅游业等吸纳人口并不多的产业为主，造成了人口外流。

对于这类城市，需要观察产业发展的长期趋势，尤其是市场经济的发展状况。对于人口增加并不多的县城，少数地区随着产业的兴起，人口会持续流入；但是对大部分地区而言，由于产业进一步往大城市集聚，或者资源枯竭，即使现在人口增加，今后也可能会出现人口减少的情况。对于人口减少不多的县城，如果产业兴起，人口会由减少转为增加，但是大部分地区可能会面临人口的进一步流失。因此，对于这类县城，监测产业的发展状况和人口的变动状况，避免公共服务过度扩张，就显得尤为重要。尤其从图4-2可以看到，在城市群的外围地区，人口增加的县城并不多，不能因为身在城市群就大肆进行扩张性的规划。

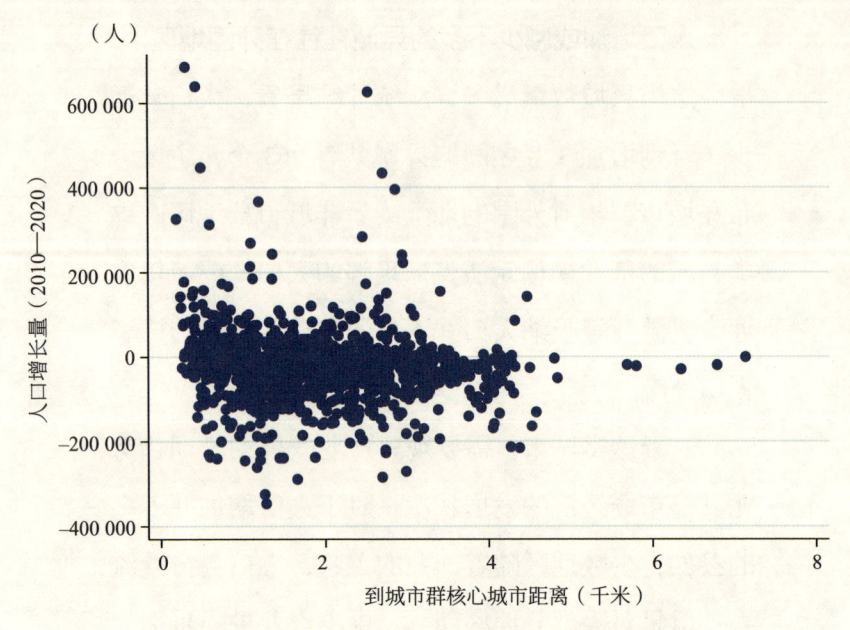

图 4-2　县城人口增长量与到城市群核心城市距离的关系

注：删除了少数民族地区样本。

　　值得一提的是，在这类县城中，有很多县城往往有一定的产业基础，甚至有一些具有一定比较优势的产业，或者因为有优越的交通、地理条件，而积累了各式各样的小产业，如浙江、福建、广西偏内陆地区的一些县城，以及山东省的一些产业集群所在县市。但是，这些产业并不能支撑原有的人口规模，因此人口依然在逐步减少，当人口规模减少到与产业相适应时，可能经济发展水平、人均收入、宜居度等反而可以维持在较高水平。

人口流失较多的县城已经形成连绵的人口流出带。

从统计数据上看，人口减少超过3万的县城共有619个，占县城总数的比例较高。这些县城主要分布在城市群中心城市附近或者较远的地方，并且从东北到中部和西部形成了一条连绵的人口流出带。尤其在东北平原、关中平原、两湖、川蜀等几个大型农业区，这类县城比较多。

这些县城一方面原有人口规模较大，但是现有产业发展的动力不足或者正在衰竭，剩余的产业（如农业）、枯竭的资源、零星的制造和商贸物流等无法支撑规模较大的人口；另一方面，由于原先积累了一定的财富，或者到附近大城市的交通相对便捷，人口迁往大城市相对容易。在各种因素相互影响下，这些县城的人口正在迅速流失。

边境县城中人口减少的县城较多。

中国与周边其他国家有漫长的国境线，在经济和人口向少数地区集中的过程中，边境地区如果没有产业支撑，人口势必会不断减少，影响国家安全。从统计数据来看，有以下特征。

第一，人口减少的县城大幅增加。排除缺少数据的新疆维吾尔自治区的区县和中朝共有地区，有98个边境县城有人口普查的区县级数据。2000—2010年，有40个县城出现了人口负增长；2010—2020年，有63个县城出现了人口负增长。

第二，人口增加或减少的县城所在区域相对集中。2010—2020年，人口负增长的63个县城分布在黑龙江（17个）、吉林（9个）、辽宁（2个）、内蒙古（13个）、云南（16个）、西藏（3个）、广西（3个），其中有57个来自东北地区、内蒙古和云南；人口正增长的35个区县，分布在西藏（15个）、云南（9个）、广西（4个）、内蒙古（6个）、甘肃（1个），主要以西部地区为主。

在人口自由流动的趋势之下，区位条件不一样的地区正在形成相互分工、差异发展的态势，每个地方的人口与其产业规模相适应，地区间的人均GDP差距正在缩小（Li and Lu, 2021）。这种差异化发展，以及"在发展中促进相对平衡"的态势，在县域层面也是存在的。有些区位比较偏远的县城主要发挥保障粮食安全、保护生态的作用，比如"东北粮仓"黑龙江富锦市，以及服务全球和全国的旅游目的地，比如四川九寨沟县。一些城市群内的外围县城主要立足于服务本地的农业（特别是生鲜食品）和旅游业，例如浙江嘉善的西塘古镇、浙江的淳安千岛湖已经成为长三角地区旅游的重要目的地。靠近大城市的县城融入了都市圈发展，与上海相邻的江苏昆山市是典型代表，其在全球电子产业链中扮演了重要角色。而随着大城市的产业转移，有些靠近大城市的县城逐渐成为满足本地需要以及特定行业的生产基地，比如湖北孝感的汉川市正在积极承接武汉的制造业外迁。以上几个代表性县域经济的差异化发展，表现在其经济的总量差异和人口吸引力上。根据人口普查数据和各地经济统计公报，2010—2020年，九寨沟县的GDP增加了1.52倍，同时人口减少了18.8%，最终人均GDP增加了2.1倍；嘉善县的GDP增加了1.38倍，同时人口增加了12.88%，最终人均GDP增加了1.1倍；昆山市的GDP增加了1.04倍，同时人口增加了27%，最

第四章 中国县城发展

终人均GDP增加了0.6倍；汉川市的GDP增加了2.23倍，同时人口下降了11%，最终人均GDP增加了2.6倍。从这几个县城的情况来看，经济增长和人口流动主要由当地的区位条件和特色产业等决定，而人口的自由流动事实上有利于不同板块的县域经济实现人均意义上的平衡发展。

城镇化进程中的建设用地空间配置

中国的人口空间布局正在发生巨大的变化，但城乡建设用地存量的布局却是由几十年前的人口空间布局所决定的。从数据上来看，1978年中国的城镇化率大约只有18%，而2021年城镇化率已经达到65%。人口空间布局的巨大变化，必然带来城乡间、地区间人口和建设用地的空间错配。

> 人口空间布局的巨大变化，必然带来城乡间、地区间人口和建设用地的空间错配。

第三次全国国土调查数据显示，当前中国城市用地面积为522.19万公顷[①]，建制镇用地面积为512.93万公顷，而村庄用地面积达到了

---

① 1公顷＝0.01平方千米。——编者注

2 193.56万公顷。相比之下，2021年年底，中国城镇常住人口为9.1亿，其中县城及县级市城区人口仅占全国城镇常住人口的不到30%，而乡村人口为4.98亿。这组数据说明中国当前城乡间以及城市和城镇间的建设用地与常住人口的空间配置存在一定错位。

通过2020年全国土地利用遥感监测数据可以发现，全国范围内的村庄用地大量集中在河北、河南、山东等地区，而河北北部和南部的部分地区以及河南远离郑州的地区，人口增长缓慢，甚至出现了人口负增长。结合村庄用地和人口普查数据，我们发现在冀鲁豫三省，村庄用地多的地区和人口增长缓慢（甚至负增长）的地区高度重合。这就意味着在这些地区已经出现大量闲置的农村建设用地（包括集体经营性建设用地和宅基地），而且未来随着人口进一步流动，这一现象仍会进一步加剧。

除了城乡建设用地的空间配置需要注意，中国区域间的建设用地增长也呈现出了不同趋势。虽然政府长期实施鼓励中小城市和小城镇发展的政策，但从建成区的扩张上看，大城市的发展似乎并不慢。

由于缺少区县层面的建成区数据,我们通过《城市统计年鉴》分别计算了大中小城市[①]在2000—2018年的建成区扩张情况。数据显示,在这一时期,大中小城市的建成区面积分别增加了1.86倍、1.63倍和1.45倍。需要注意的是,从数据上看,大城市的规模增长并不慢,但这并不代表过去的政策没有发挥作用。虽然大城市的规模与过去相比明显增加,但相对于国际一般规律下的"理想规模",仍有明显的差距(Li and Lu,2021)。更重要的是,分区域来看,东部、中部、西部和东北地区大城市的建成区面积分别增加了2.23倍、1.76倍、2.33倍和0.79倍,小城市则分别增加了1.38倍、1.79倍、1.40倍和–0.05倍,而城镇与小城市的情况应该相似。这意味着,西部大城市和中西部小城市的扩张速度明显超过了东部,而这一时期的人口是大规模从内陆(中西部和东北)向沿海地区迁徙的,因此在城镇

[①] 数据来源于2001年和2019年《城市统计年鉴》,由于数据以2000年的人口为基数,本文大中小城市的划分按照当年的标准,2000年的市区非农业人口分别为50万以上、20万—50万、20万以下,行政区划统一到2000年标准。

化进程中，大、中、小城市和小城镇的建设用地配置受到的区域政策的影响更大，从而导致存在明显的地区差异。

如何在城镇化进程中平衡建设用地和农业用地的关系是一个重要话题。从城乡发展的角度，在城镇化的进程中，未来应该更为积极地将闲置的集体经营性建设用地和宅基地复耕为农业用地，这样不仅有利于耕地保护，更能推进农业的规模经营。从区域发展的角度，中西部地区的城市和小城镇扩张已经明显超过其人口变化情况，因此，有必要重新评估不同地区建设用地的利用效率，从而科学精准地配置新增建设用地计划指标，与此同时，继续推动建设用地指标和补充耕地指标的跨省交易。

面向未来的县域城镇化

以人为核心的城镇化需要走差异化的县域城镇化道路

面向未来，中国的城镇化进程仍将继续，县域城镇化将在吸纳农民进城、促进"三农"发展等方面发挥关键作用。但与此同时,县域城镇化的发展也将在要素的合理流动和高效集聚中走向差异化。根据《中国统计年鉴》数据,2020年中国第一产业的GDP占比仅为7.7%,但城镇化率则为63.89%,粗略地估算,这意味着乡村居民的人均收入仍然明显低于城镇居民,城镇化的动力仍然存在。但随着中国城镇化进入新阶段,大规模、无差别的城镇化也将告一段落,大部分城市和小城镇的建设用地扩张速度将逐渐趋缓,因此,笼统地讨论城镇化如何推进意义已经不大。在经济和人口不断向沿海大港口和区域性大城市集聚的趋势下,未来的县域城镇化必然将根据其特定的区位条件和特色产业进入"基于区位的分工"的城镇化新阶段。在差异化发展的政策方向上,《关于推进以县城为重要载体的城镇化建设的意见》迈出了划时代的一步。

在以人为核心的县域城镇化进程中,要坚决落实县城公共服务能力和水平与常住人口规模挂钩,不断推进和完善城乡间、地区间的基本公共服务均等化,这是以人为核心的新型城镇化的本质要求。为了实现这一目标,需要充分发挥中央财政统筹协调功能，改革地方政府考核体系，不断增强地方政府的公共服务激励，切实提高居民生活质量。在此过程中，对于农村地区，从兼顾公平与效率的公共服务供给来说，村居合并在未来必然会不断推进，在政策和舆论方面要正确应对。在未来，有效的财政转移支付应更多着眼于基本公共服务均等化，在不脱离本地创造就业潜力的情况下，通过财政补贴的方式鼓励就地城镇化。在人口持续流出的地区，要合并行政乡镇（甚至县），精简机构，这有利于降低行政管理成本并提高公共服务水平（Jia and Zhong，2022）。此外，在政策方面，针对人口持续流出地区，有必要加强对公共服务的最优提供地理范围等问题的研究。

根据人口流入地和人口流出地，实行差异化的县域城镇化道路，其底层逻辑是统一大市场下的资源配置优化。正如我们在前文中已经指出的那样，对于人口流入地和人口流出地的区分不能机械化，否则，可能诱使地方政府不顾地方创造就业的潜力来吸引人口。在经济和人口空间布局大调整的背景下，县域经济的发展是推动县域城镇化建设的根本动力，因此，明晰县域经济发展的差异化定位是理解县域城镇化趋势的重要前提。

人口流入县城和人口流出县城实施差异化改革

人口流动的方向与地区经济发展直接相关，因此，在尊重客观规律的同时，要在一般均衡视角和中国特定的"双重中心外围"理论框架[①]下来理解人口流动的客观趋势。总的来说，人口的流动方向与区位条件、特色产业是直接相关的，距离沿海大港口和大城市近，并且能够融入城市群和都市圈发展的县城，其人口是不断流入的。对于一些具有特色产业的县城，其人口是否能够增长取决于当地产业发展创造就业的能力。与之相对应的是，农业主产区、生态保护区以及远离沿海大港口和中心城市的县城，其人口增长幅度有限甚至出现了负增长。鉴于此，在具体政策中，可以基于县域人口流动的现状和未来趋势，构建相应的政策体系，从而有效

---

① "双重中心外围"是指"沿海大港口—内陆地区"和"中心城市—外围地区"这两重"中心—外围"关系，具体分析见陆铭、向宽虎、李鹏飞、李杰伟、钟粤俊（2022）。

应对人口流入和人口流出的不同挑战，最终走上特色发展的道路。

对于人口流入的县城，要不断深化体制机制改革，改善本地居住环境，增强本地的人口承载力。在人口政策上，全面放开户籍制度限制，提高公共服务提供水平，促进外来人口的市民化。在基础设施方面，要融入以中心城市为核心的都市圈发展，增加与中心城市的交通可达性，推动突破传统的按行政边界设置开发强度的模式，使土地开发（特别是轨道和公路沿线开发）适应常住人口增长趋势。在土地制度方面，允许在中心城市及周边地区落户的外来农村户籍人口自愿且有偿地放弃家乡农地和宅基地，并相应增加人口流入地的建设用地指标。在政府考核方面，对于人口流入地区，要更强化对于经济总量增长目标和单位土地产出绩效目标的考核。

在人口流出的县城，则要正视人口流动的客观规律，通过不断完善政策体系，切实提高人民收入和生活水平。首先，在观念上要认识到，在农业用地面积、自然资源总量一定的情况下，人口的流出有利于人均收入的提高，因此，要避免采用财政补贴的方式限制人口流动。在人口流动的背景下，在基础设施方面，要转变发展模式，对于人口大量流出的地区要减量规划。对于公共服务，要在保障基本公共服务的同时促进适度向中心城区集中供给，提高供给质量和效率。在土地制度方面，人口流入地调减的基本农田，可以在人口流出地相应地进行有偿调增，加快推动农业规模化和现代化生产，提高生产效率。更重要的是，当在人口流入地增加建设用地指标时，可以将自愿有偿放弃家乡地权作为迁移人口在流入地落户的优先条件，但不应成为落户的必要条件。在政府考核方面，对人口流出地要更加强调人均产出和综合生活质量目标的考核。

县域城镇化进程中的综合改革造就共同富裕

在县域城镇化进程中，为了不断满足民众的生活和发展需要，需要对户籍制度、土地制度、财政体系、央地关系等各方面进行综合改革，而中央政府在土地制度改革中的作用将是推动其他领域改革的着力点和突破口。未来不仅要加强农村土地制度改革，同时要增强建设用地指标和补充耕地指标跨地区配置的市场化程度，扩大跨省调剂交易范围（陆铭、贾宁、郑怡林，2021）。一方面，中央政府要转变指标分配者角色，减少对土地指标流转价格和数量的过度干预。在政府制定价格范围和数量范围之后，由交易双方自主商议交易价格和交易数量，自行完成节余指标跨省交易，增强交易积极性和配置效率。另一方面，政府要扮演监管者的角色，在指标分配、流转、审批过程中做到监管到位，做好建新和复垦工作的跟踪监管。与此同时，扩大跨省土地流转的交易范围，逐步从"三州三区"和深度贫困县向其他地市推行跨省交易，乃至统筹做好农村集体经营性建设用地入市与增减挂钩节余指标跨省流转工作。在土地制度改革的有效推动下，农民进城的积极性将不断增加，土地的空间配置效率也将大大提高。中央向地方的财政转移支付要更多地与人口流动方向一致，对于欠发达地区享受的财政转移支付，应设计机制让一部分资源由流动人口携带到人口流入地。在上述一系列政策改革之下，可以有效推动以人为核心的城镇化，产业、人口及各类生产要素将进一步合理流动和高效集聚，最终实现"在集聚中走向平衡"和"在发展中营造平衡"下的共同富裕。

政策建议

中国县城的发展，需要在经济和人口空间变局的大框架下进行思考，同时根据县城的地理、资源禀赋和产业的差异，因地制宜，实施差异化发展。

第一，推进都市圈和城市群的一体化，为大城市附近的县城融入都市圈创造条件。同时，提高大城市与周围县城的联通性，增加交流，发挥大城市的辐射带动作用。

第二，减少市场分割，加快建设全国统一大市场，促进地区间各种要素双向自由流动，既往大城市流动，也往有发展潜力的县城和乡镇流动，在发展中促进相对平衡。

第三，对于人口流失的县城，首先，要正视经济转型和人口空间变局下县城人口减少的普遍性，适度放松对人口流出县城的经济总量考核，转而追求人均GDP、宜居度等维度的发展目标。其次，对人口增减情况要有一个常态的监控和适当的预测，据此对县城的基础设施、公共服务等进行规划。有些人口增加的县城可能会变成人口流失的县城，有些人口持续减少的县城，可能会在某一天人口规模达到与经济规模相适应的程度，然后维持一定的经济和人口规模。尤其要避免在人口流失严重的县城进行扩张性的规划和建设。同时，积极实施农村土地制度的改革，为人口的流动创造条件，而人口流失严重的地区则可以进一步实施辖区合并，减少财政的压力，提高公共服务的质量（Jia and Zhong，2022）。

尤其要避免在人口流失严重的县城进行扩张性的规划和建设。

第四，对于农产品主产区、生态保护区、边境地区等保障型县城，除了积极支持市场化的农业、农产品加工业、旅游、边境贸易等产业发展，还要对有发展潜力的地方完善交通基础设施，对农业、生态、资源枯竭地区增加科技、人才、市场服务等方面的支持，促进有条件的县城进行产业转型和生态保护。对于边境地区,则应该以城市的市辖区或者经济有活力的地区为中心,由点带面,建立珠串式的边境县城,在经济、交通、公共服务等方面给予支持,强边固边。

第五章

中国城市资本活力指数

我们在前文中既构建了大城强城指标，又从制造业发展的角度展现了中心城市的作用，还从人口流动的数据中发现了县城发展的差异化。中国仍然处于转型发展的进程中，从生产要素的合理流动和高效集聚来看，资本是各类生产要素中相对来说最能在地区间自由流动的，资本的"用脚投票"可以综合地对一个城市发展进行评价。

基于上述认识，我们构建了中国城市资本活力指数，它是一种评价城市综合竞争力的指标系统，也是对城市GDP总量排名指标的补充和完善。通过对不同指标的衡量和观察，覆盖城市资本活力竞争中的规模、效率、产业结构，为政府、业界、学界提供观察城市竞争力水平的一种新途径。

资本活力指数的定位与价值

21世纪的经济全球化发展使国家与国家之间的竞争越来越激烈（Sassen，1996、1999、2013），全球竞争的主体由行业的竞争逐步拓展到城市之间的竞争，国家竞争力的大小来自城市竞争力的大小和有竞争力的城市的多少。换言之，城市竞争力是国家竞争力、区域竞争力、企业竞争力等整体竞争体系的核心所在（Sassen，2013）。

仅以地区GDP比较城市的竞争力，有其局限性。但地区生产总值及其增长，现阶段仍然是考察城市竞争力的直接有效的指标。为此，本章以地区生产总值指标为参照，分析比较中国城市资本活力。多维度评价城市竞争力，聚焦高质量发展，中国城市资本活力指数是对城市地区生产总值排名的有效完善和补充。

中国城市资本活力指数的价值是，一方面，为后继关于宏观经济政策对城市发展影响的政策评价，城市竞争力与城市经济、社会发展的关系，以及城市与企业发展的微观经济研究，提供一个较为精准的评价基础；另一方面，有助于各城市在资本活力排名和竞争中取长补短，精准定位自身的产业资源优势，发挥城市在区域经济发展中的特殊地位、杠杆作用和经济势能，实现和周围城市的协同发展，形成城市内部和区域内城市的良性互动。

资本活力指数的指标与排名

根据数据的客观性、可获得性和可比性，中国城市资本活力指数主要从资本规模（上市公司数量、上市公司市值）、资本效率（人均上市公司数量、人均上市公司市值）、产业结构（新兴产业上市公司数量、新兴产业上市公司市值）三个维度的6个指标衡量城市资本活力（见表5-1）。三个维度的指数权重分别为50%、25%和25%。其中，为了体现上市公司市值相对上市公司数量的重要性，上市公司数量和上市公司市值在资本规模指数中的比重、人均上市公司数量和人均上市公司市值在资本效率指数中的比重、新兴产业上市公司数量和新兴产业上市公司市值在产业结构指数中的比重均设定为1:2。在判断上市公司所归属的城市时，以其注册地/办公地/总部所在地中的任一地址为评判依据，若三个地址归属地不同，则按照注册地、办公地、总部所在地的顺序判断归属地。

表5-1 中国城市资本活力指数指标体系

指标维度	指标名称	指标解释
资本规模	上市公司数量	截至上年年末归属于该地区的海内外上市公司数量总和
	上市公司市值	截至上年年末归属于该地区的海内外上市公司市值总和（海外市值均以年末汇率转换为人民币计价）
资本效率	人均上市公司数量	截至上年年末归属于该地区的海内外上市公司数量总和与该地区常住人口总数的比值
	人均上市公司市值	截至上年年末归属于该地区的海内外上市公司市值总和与该地区常住人口总数的比值
产业结构	新兴产业上市公司数量	截至上年年末归属于该地区的海内外上市公司中新兴产业上市公司数量总和
	新兴产业上市公司市值	截至上年年末归属于该地区的海内外上市公司中新兴产业上市公司市值总和

根据证监会《关于在上海证券交易所设立科创板并试点注册制的实施意见》，科创板重点支持新一代信息技术、高端装备、新材料、新能源、节能环保以及生物医药等高新技术产业和战略新兴产业，本章将各城市处于这些行业的海内外上市公司定义为新兴产业上市公司。城市资本活力指数数据基于 Compustat 数据库、Wind（万得）、同花顺、统计年鉴等数据来源，以归属地在各城市辖区范围内（包括所辖区、县、县级市等）的沪、深、北交易所上市企业（主板+中小板+创业板+科创板+北交所）及海外主要交易所上市企业为样本，通过 6 个指标来反映城市资本活力的状况，确保了评价数据的权威性、客观性、准确性和可得性。在这里，需要特别强调，由于资本市场的日益全球化，我们的城市资本活力指数包括海外主要交易所上市企业，能够反映中国城市发展在国际资本市场上的表现。

上市公司数量是一个地区的经济发展水平和营商环境质量的重要体现，反映了该地区在海内外资本市场的活

> 由于资本市场的日益全球化，我们的城市资本活力指数包括海外主要交易所上市企业，能够反映中国城市发展在国际资本市场上的表现。

跃程度。上市公司市值能够反映地区市场吸引和培育大企业的能力，反映了该地区在海内外资本市场的实力。人均上市公司数量和市值则反映了该地区人均意义上的劳动力效率和劳动力质量。一个地区新兴产业上市公司数量和新兴产业上市公司市值能够在一定程度上反映该地区产业结构中新兴产业的发展状况，以及地区经济的成长潜力，是地区未来经济增长动力、营商环境吸引力和培育朝阳产业能力的一个重要体现。

在本章中，各年城市资本活力指数根据截至上年年末的上市公司数量、上市公司市值、人均上市公司数量、人均上市公司市值、新兴产业上市公司数量、新兴产业上市公司市值数据计算而得。根据2022年城市资本活力指数综合排名榜，排名前50的城市涵盖了直辖市、副省级城市和部分经济实力强的地级市，具有广泛分布性和概括性。从表5-2可以看出，在中国城市资本活力指数综合排名榜中北京、深圳、上海、杭州、无锡名列前五，苏州、广州、宁波、南京、长沙名列第6—10名。

表 5-2 2022 年中国城市资本活力指数综合排名

城市	资本活力指数综合排名
北京	1
深圳	2
上海	3
杭州	4
无锡	5
苏州	6
广州	7
宁波	8
南京	9
长沙	10
成都	11
绍兴	12
厦门	13
天津	13
合肥	15
佛山	16
嘉兴	17
西安	18
珠海	19
常州	20
武汉	21
福州	21
烟台	23

（续表）

城市	资本活力指数综合排名
台州	24
青岛	25
芜湖	26
湖州	27
昆明	28
东莞	29
南通	30
济南	31
重庆	32
乌鲁木齐	33
惠州	34
大连	35
中山	36
淄博	37
海口	38
潍坊	39
泉州	39
长春	41
贵阳	42
拉萨	43
金华	44
宁德	45
郑州	46
连云港	47

（续表）

城市	资本活力指数综合排名
威海	48
温州	49
沈阳	50

资本活力指数的比较与分析

城市资本活力指数排名与GDP排名的对比分析

图5-1、表5-3、表5-4展示了2021年城市GDP排名前50的城市的2022年城市资本活力指数排名与2021年城市GDP排名对比情况。从中可见，北京、上海、深圳、广州、苏州、南京、天津、佛山、福州、金华、烟台的城市资本活力指数排名与GDP排名基本一致；杭州、宁波、无锡、长沙、合肥、西安、常州、昆明、厦门、绍兴、嘉兴、台州的城市资本活力指数排名显著领先于各自的GDP排名；重庆、郑州、徐州、盐城等的资本活力指数排名显著落后于各自的GDP排名。

由此可以得出一些规律。第一，在GDP排名前

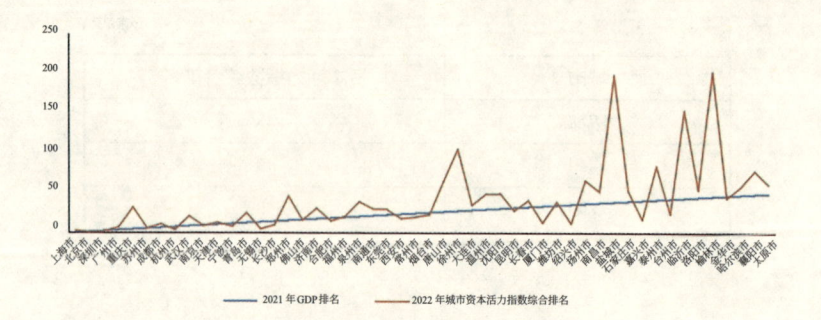

图 5-1 城市资本活力指数综合排名与城市 GDP 排名对比

50 的城市中，资本活力指数排名与 GDP 排名呈现出较强的相关性，但同时也有不少城市的资本活力指数排名与 GDP 排名差异度较大。第二，GDP 排名越是领先的城市，城市资本活力指数排名越是领先于 GDP 排名或与 GDP 排名基本一致，而 GDP 排名越是靠后的城市，城市资本活力指数排名往往也更可能落后于 GDP 排名。第三，城市资本活力指数排名领先于 GDP 排名的城市如杭州、宁波、无锡、长沙、合肥、西安等，往往也是人们印象中近年来发展迅猛的城市。第四，城市资本活力指数排名落后于 GDP 排名的城市如重庆、郑州、徐州、盐城、临沂、榆林等，往往也是人们印象中经济活力相对缺乏的城市。这些规律表明，相对 GDP 排名而言，城市资本活力指数或许更能代表城市经济实力、质量和发展潜力，提供增量的重要信息。越是重视、发挥当地上市公司和海内外资本市场作用的城市，经济发展的活力和潜力越大，质量也越高。这也符合近年来学界和业界对资本市场在以企业科技创新驱动的现代经济增长方式中以及城市经济高质量发展中的关键作用的认识。

> 相对GDP排名而言，城市资本活力指数或许更能代表城市经济实力、质量和发展潜力。

表 5-3 城市资本活力指数综合排名与城市GDP排名对比

城市	2021年城市GDP排名	2022年城市资本活力指数综合排名
上海	1	3
北京	2	1
深圳	3	2
广州	4	7
重庆	5	32
苏州	6	6
成都	7	11
杭州	8	4
武汉	9	21
南京	10	9
天津	11	13
宁波	12	8
青岛	13	25

（续表）

城市	2021年城市GDP排名	2022年城市资本活力指数综合排名
无锡	14	5
长沙	15	10
郑州	16	46
佛山	17	16
济南	18	31
合肥	19	15
福州	20	21
泉州	21	39
南通	22	30
东莞	23	29
西安	24	18
常州	25	20
烟台	26	23
唐山	27	65
徐州	28	105
大连	29	35
温州	30	49
沈阳	31	50
昆明	32	28
长春	33	41
厦门	34	13
潍坊	35	39
绍兴	36	12
扬州	37	66
南昌	38	52
盐城	39	198

（续表）

城市	2021年城市GDP排名	2022年城市资本活力指数综合排名
石家庄	40	53
嘉兴	41	17
泰州	42	84
台州	43	24
临沂	44	154
洛阳	45	54
榆林	46	202
金华	47	44
哈尔滨	48	58
襄阳	49	78
太原	50	61

表5-4 城市资本活力指数综合排名与城市GDP排名差异

2022年城市资本活力指数综合排名相对2021年城市GDP排名基本一致	2022年城市资本活力指数综合排名领先于2021年城市GDP排名	2022年城市资本活力指数综合排名落后于2021年城市GDP排名
北京、上海、深圳、广州、苏州、南京、天津、佛山、福州、金华、烟台	杭州、宁波、无锡、长沙、合肥、西安、常州、昆明、厦门、绍兴、嘉兴、台州	重庆、成都、武汉、青岛、郑州、济南、泉州、南通、东莞、唐山、徐州、大连、温州、沈阳、长春、潍坊、扬州、南昌、盐城、石家庄、泰州、临沂、洛阳、榆林、哈尔滨、襄阳、太原

注：两类排行差异范围在0—3名为基本一致。

第五章　中国城市资本活力指数

城市资本活力指数排名的趋势和结构分析

城市资本活力指数综合排名演变分析

图 5-2 列示了历年城市资本活力指数综合排名均处于前 50 的城市的演变情况。从中可见，北京、深圳、上海在 2002—2022 年这 21 年的资本活力指数综合排名始终处于前三强。杭州、广州、南京的资本活力指数综合排名相对稳定，一直位于全国前 10 名。无锡、苏州、宁波等的资本活力指数综合排名则随着时间推移明显上升，沈阳、郑州、重庆等城市的资本活力指数综合排名则随着时间推移明显下降。其他一些城市的资本活力指数综合排名则在 2002—2022 年波动较大。

城市资本活力指数-上市公司数量指标分析

图 5-3 展示了城市上市公司数量排名历年前 50 名城市的趋势。北京和上海的上市公司数量在 2002—2022 年的 21 年间稳居前两位。天津的上市公司总数排名略有下降，从 2002 年的第 11 位下降至 2022 年的第 15 位。重庆的上市公司数量排名则

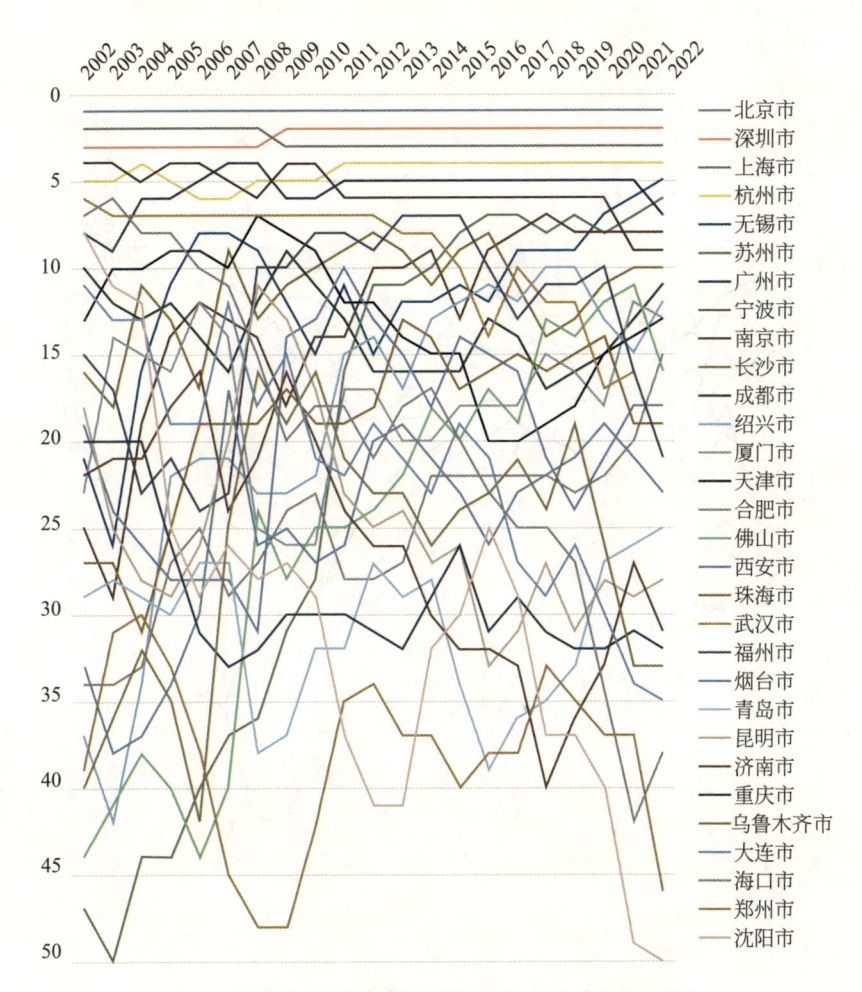

图 5-2 城市资本活力指数综合排名历年前 50 名的城市趋势

第五章　中国城市资本活力指数　　　　　　　　　　　　169

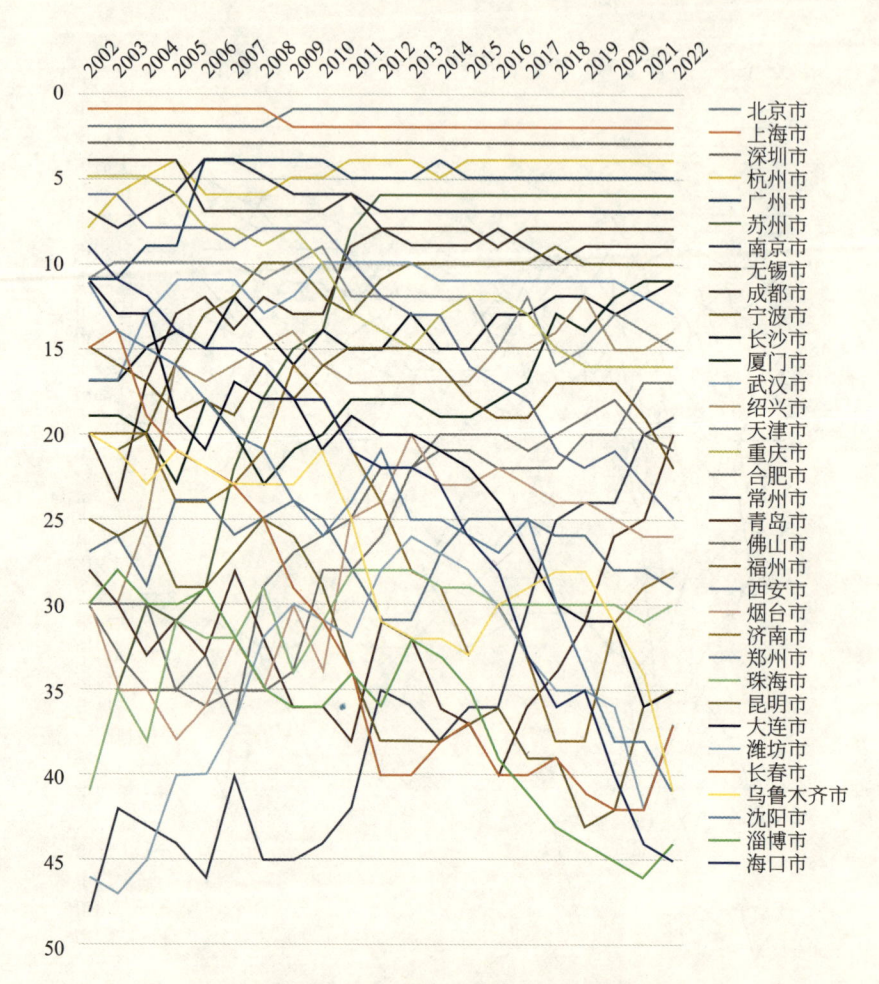

图 5-3 城市上市公司数量排名历年前 50 名的城市趋势

从2002年的前5名下降到2022年的第16名。

从副省级城市角度看，深圳、杭州、广州、南京、成都、宁波、厦门、武汉、青岛、西安、济南、大连、长春这13个城市在21年间保持在上市公司数量排行榜前50位。哈尔滨则未实现榜单前50名的连续性。结合表5A-2可见，深圳作为创业创新城市的代表，上市公司数量已有近500家，遥遥领先于其他副省级城市，上市公司数量在副省级中稳居第一位，在全部城市中稳居第三位。杭州的资本活力发展略晚于深圳，阿里巴巴等互联网企业的上市为杭州的资本活力指数排名提升贡献了显著的力量。截至2021年年末（2022年排名），杭州大约有253家上市公司，杭州的上市公司数量排名也从副省级城市的第5名提升至第2名，在全部城市中从第8位提升到第4位，并在近7年内保持稳定，与除深圳以外的副省级城市拉开了显著差距。广州的上市公司数量增长至209家，在上市公司数量上排名第5位。南京、成都的上市公司数量较多，基本保持在副省级城市的前5位，南京的总排名维持稳定，但成都的排名有所下降。

从地级市角度而言，地级市的GDP占中国大陆所有城市比重基本维持在65%—80%，但地级市上市公司数量占中国大陆所有城市的比重尚未达到50%。截至2021年年末（即2022年排名），地级市上市公司数量的比重为47%，上市公司数量排名相对落后于经济发展水平。2021年年末，地级市上市公司数量排名前10且在2002—2022年保持榜单前50位的地级市分别是苏州、无锡、长沙、绍兴、常州、佛山、福州、烟台、郑州和珠海。从省份分布来看，在2021年年末上市公司数量排名前10且21年内保持榜单前50位的地级市中，江苏有3个地级市上榜，浙江和广东有2个地级市上榜，湖南、福建和山东均有1个地级市上榜。2021年年末上市公司数量前10名的地级市，主要集中在江苏、浙江和广东，占比分别为30%、20%和20%。其中，苏州的资本活力指数排名提升得最快，从第30位左右提升到了2022年的第6位。大连的排名退步得最多，从第11位退到了2022年的第35位。根据上市公司分布区域看，地级市上市公司数量在逐年增加，南方地区由于市场机制相对完善，拥有的上市公司比北方地区更多。

从京津冀地区角度看，京津冀地区仅北京和天津进入排名前50位。北京作为大型国企和央企的聚集地，资本规模排名具有显著优势，始终位于京津冀城市的第1名，截至2021年年末，北京已有超过600家上市公司。从粤港澳区域来看，2002—2022年，粤港澳大湾区城市上市公司数量增长到948家，目前占到全国（不含港澳台地区）的20%。深圳、广州、佛山和珠海等城市进入前50位。从长三角区域来看，2002—2022年，长三角城市的上市公司总数实现了快速增长，从2002年的149家增长至2022年的1 535家，增长态势良好，上海、杭州、苏州、南京、无锡、宁波、绍兴和常州这8个城市进入了前50位。从上市公司数量层面来看，在三个区域中，长三角各个城市发展得更为均衡。

城市资本活力指数-上市公司市值指标分析

图5-4展示了城市上市公司市值排名历年前50名城市的趋势。北京、上海、天津、重庆4个直辖市历年均保持在前50名。北京、上海的上市公司

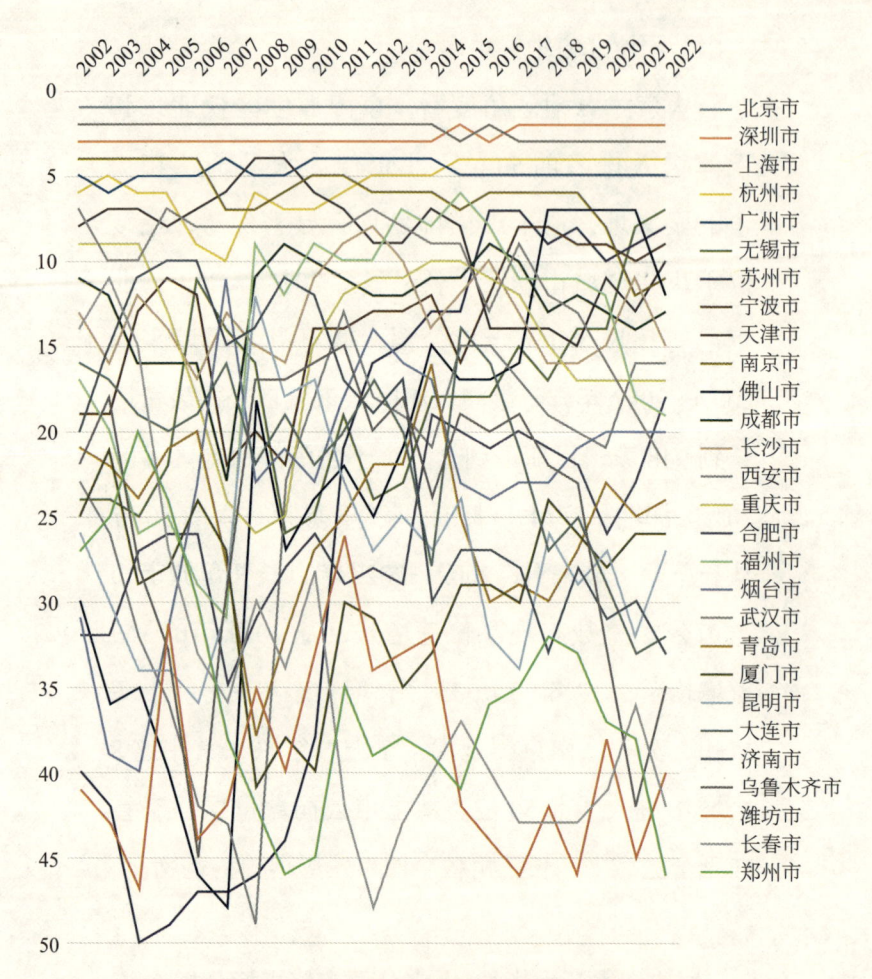

图 5-4 城市上市公司市值排名历年前 50 名的城市趋势

总市值排名在2002—2022年的21年间稳居前3位。天津和重庆的上市公司市值排名有所下降。

除了沈阳和哈尔滨，其他副省级城市如深圳、杭州、广州、宁波、南京、成都、西安、武汉、青岛、厦门、大连、济南和长春历年均进入前50位。结合表5A-3可见，截至2021年年末，深圳作为创业创新城市的代表，海内外上市公司总市值达到了15.8万亿元，遥遥领先于其他副省级城市，上市公司市值排名近5年始终保持着第2名的好成绩。杭州的资本活力发展略晚于深圳，阿里巴巴的上市为杭州的资本活力指数排名提升贡献了显著的力量。截至2021年年末，杭州大约有253家上市公司，上市公司总市值达8.54万亿元。杭州的上市公司市值排名也从副省级城市的第5名提升至第2名，与除深圳以外的其他副省级城市拉开了显著差距。广州的上市公司市值排名增长速度最快，上市公司总市值已达2.73万亿元，这使得广州的上市公司市值排名稳居副省级城市的前3名。

2002—2022年上市公司总市值排名保持在榜单前50位且2022年排名前10的地级市分别是无

锡、苏州、佛山、长沙、合肥、福州、烟台、昆明、乌鲁木齐和潍坊。其中，从省份分布来看，江苏和山东各有 2 个地级市上榜，其余为广东、湖南、安徽、福建、云南和新疆，均有 1 个地级市上榜。苏州在这 21 年中进步最快，从第 40 位提升到了第 8 位。长春下降得最多，从第 14 位下降到了第 42 位。总体而言，地级市上市公司总市值也呈现一种良好的增长趋势，从 2002 年的 2.21 万亿元增长至 2022 年的 55.1 万亿元。

从京津冀区域来看，仅北京和天津这两个城市进入历年排名前 50 位。北京、天津的排名较为靠前（前 10 位），而河北的城市未进入榜单，说明京津冀地区资本活力程度不均衡。从粤港澳区域来看，深圳、广州和佛山进入历年前 50 位榜单，且排名分布较为平衡。深圳作为创业创新城市的代表，海内外上市公司总市值显著领先于除香港外的粤港澳大湾区城市，资本规模始终保持前列。广州作为广东省的省会，在粤港澳大湾区中有独特的政治和行政地位，也有较好的经济基础。广州的上市公司总市值排名在粤港澳大湾区中始终保持前 3 名，2021

年年末上市公司总市值达 2.73 万亿元。佛山的上市公司市值排名在这 21 年中从第 30 位提升到了第 12 位。从长三角区域来看，上海、杭州、无锡、苏州、宁波和南京等城市进入历年前 50 位，且排名分布较为均匀，表明长三角城市群内的资本规模效应较为显著。

城市资本活力指数-人均上市公司数量指标分析

图 5-5 展示了城市人均上市公司数量排名历年前 50 名城市的趋势图。在 4 个直辖市中，北京和上海的人均上市公司数量在这 21 年中稳定在前 6 位。显示京沪两城资本效率高，综合经济实力大而强。天津和重庆均未进入人均上市公司数量排名历年前 50 位。相比京沪两城，天津和重庆的资本效率显著较低，体现了天津和重庆综合经济实力的大而不强。

在副省级城市中，深圳、杭州、厦门、南京、宁波、广州、成都、武汉、西安和大连入选人均上市公司数量排名历年前 50 位。济南、青岛、沈阳、长春和哈尔滨则未排进历年前 50 位名单。深

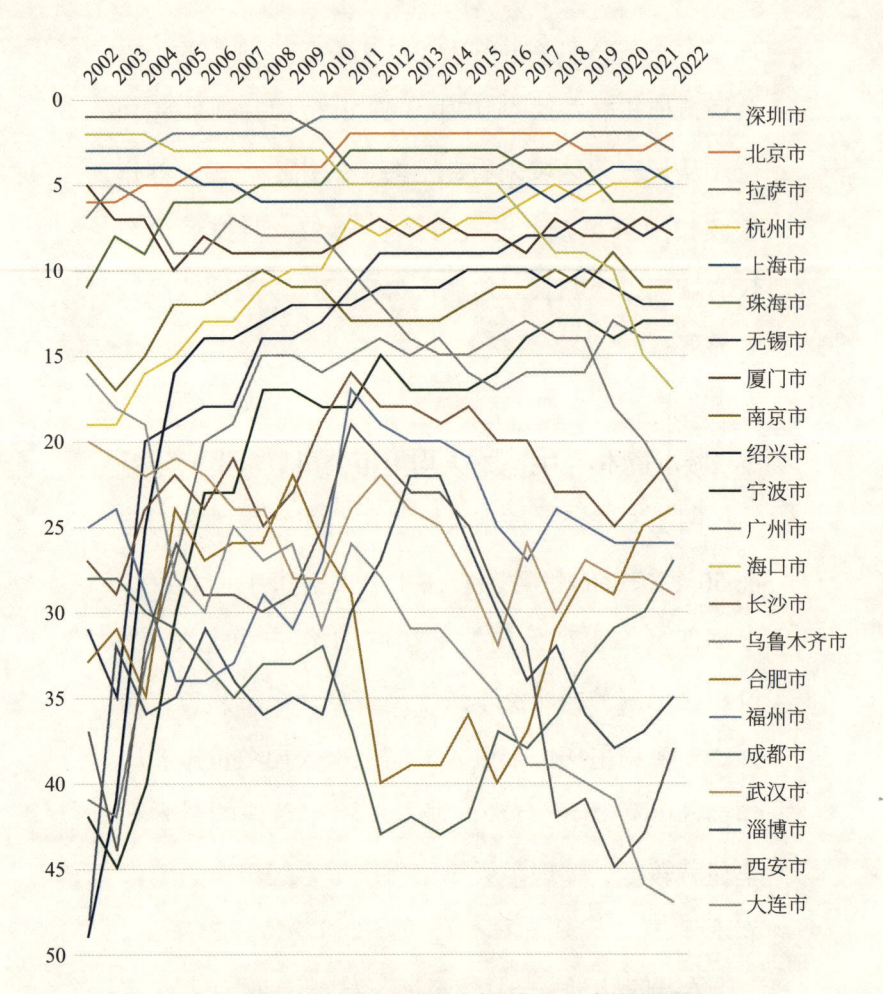

图 5-5 城市人均上市公司数量排名历年前 50 名的城市趋势

圳的人均上市公司数量始终保持着副省级城市第 1 名的地位，并在近 10 年中均排名第 1 位。杭州的人均上市公司数量排名则从第 19 名上升到了前 4 名。结合表 5A-4 可见，截至 2021 年年末，厦门人均上市公司数量已超过每百万人 19.1 家，广州和宁波的人均上市公司数量已超过每百万人 10 家，而青岛和济南人均上市公司数量低于每百万人 10 家。其他副省级城市在 2002—2022 年这 21 年间人均上市公司数量排名保持相对稳定。总体而言，副省级城市的人均上市公司数量增长十分迅猛，从 2002 年每百万人 3.2 家增长至 2022 年每百万人 12.1 家，增长近 3 倍。其中，大连的排名下降得最多，从 2002 年的第 16 位下降到了 2022 年的第 47 位。

  2002—2022 年排名保持在榜单前 50 位并且 2022 年排名靠前的地级市包括拉萨、珠海、无锡、绍兴、海口、乌鲁木齐、合肥、福州、淄博。从省份分布来看，西藏、广东、江苏、浙江、海南、新疆、安徽、福建和山东各有 1 个地级市上榜，分布较为分散。从总体上来看，地级市的人均上市公司数量近年来一直稳步增长，从 2002 年的每百万人 0.808 家增长至 2022 年的每百万人 2.6 家,增长约 2 倍。地级市的人均上市公司数量略低于全国各类城市的平均水平,且与全国平均水平的差距一直在逐步扩大。绍兴市进步最大,从 2002 年排名的第 49 位提升到了第 12 位,大连市排名下降得最多,从第 16 位下降到了第 47 位。

从京津冀区域来看,2022 年仅北京进入了人均上市公司数量历年排名前 50 位,而天津和河北的城市未进入人均上市公司数量历年前 50 名榜单,表明京津冀的资本效率不一致,一体化程度较低。从粤港澳区域来看,2022 年,深圳、珠海和广州进入人均上市公司数量历年排名前 50 位。从长三角区域来看,杭州、上海、无锡、南京、绍兴、宁波进入人均上市公司数量历年排名前 50 位,表明长三角综合资本效率高,城市群协同度强,综合实力大而强。上海稳定在第 5 位左右,杭州从 2002 年的第 19 位提升至 2022 年的第 4 位。2002—2022 年,长三角城市的人均上市公司数量增长趋势明显,从每百万人 0.965 家上市公司增长为每百万人 7.78 家。

城市资本活力指数-人均上市公司市值指标分析

图 5-6 展示了城市人均上市公司市值排名历年前 50 名城市的趋势图。北京、上海人均上市公司市值排名在 2002—2022 年比较稳定，天津和重庆未进入历年人均上市公司市值前 50 名榜单，表明相对京沪两城，天津和重庆综合实力大而不强，人均资本效率相对较低。

深圳、杭州、宁波、南京、厦门、广州和大连入选人均上市公司市值历年前 50 名。而西安、成都、青岛、武汉、济南、长春、沈阳、哈尔滨这 8 个副省级城市未进入前 50 名榜单，表明东北省会和中原地区的一些城市资本效率不高。结合表 5A-5 可见，截至 2021 年年末，厦门人均上市公司市值超过了每人 10 万元，广州和宁波的人均上市公司市值也已超过每人 10 万元，青岛的人均上市公司市值低于每人 10 万元。副省级城市的人均上市公司市值领先于全国平均水平，且优势逐步扩大。副省级城市的人均上市公司市值从 2002 年的 1.1 万元上升到 2022 年的 27.7 万元，增长了约 24 倍。

人均上市公司市值排名前列的地级市分别是拉

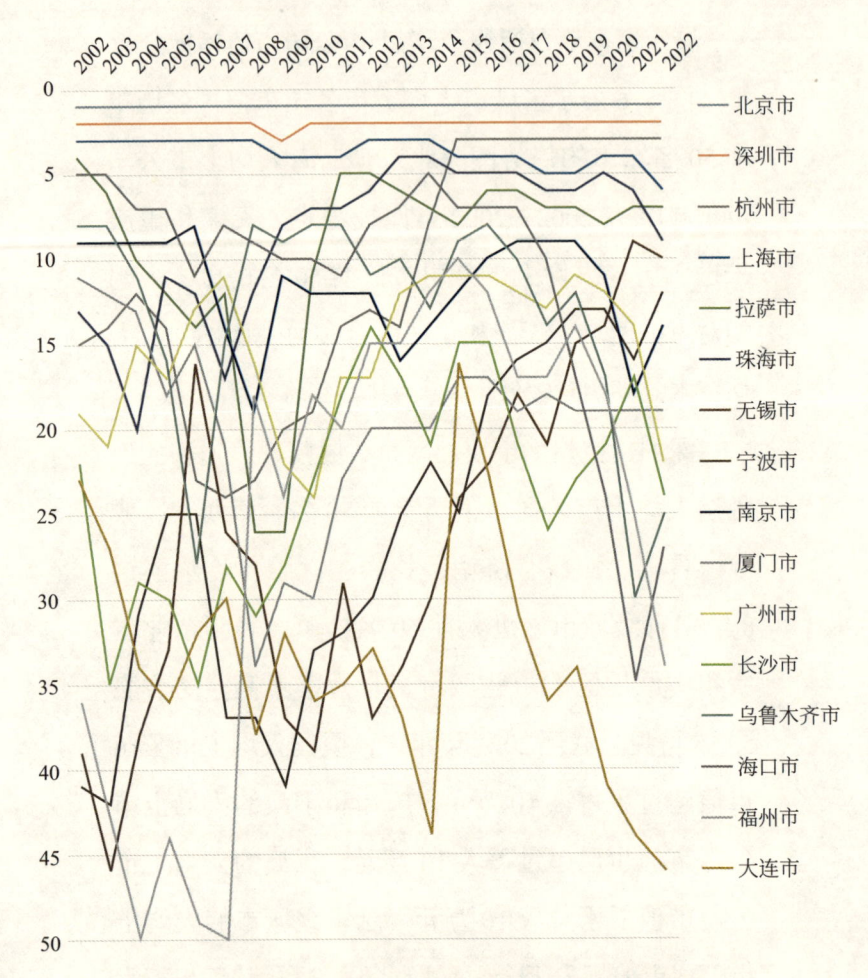

图 5-6 城市人均上市公司市值排名历年前 50 名的城市趋势

萨、珠海、无锡、长沙、乌鲁木齐、海口、福州。从省份分布来看，在人均上市公司市值排名前列的地级市中，西藏、广东、江苏、湖南、新疆、海南和福建各有1个地级市上榜，分布省份较为平均。无锡和宁波进步得最快，2002—2022年提升了29个位次，大连则从第23位下降到了第46位。

从京津冀地区来看，仅北京入选人均上市公司市值排名历年前50名，表明京津冀区域发展不均衡程度高，一体化程度较低。从粤港澳区域来看，深圳、珠海和广州入选人均上市公司市值排名历年前50名。从具体排名看，粤港澳大湾区城市的人均上市公司市值也领先于全国平均水平，且优势逐步扩大。在长三角区域方面，杭州、上海、无锡、宁波、南京5个城市入选人均上市公司市值排名历年前50名。

城市资本活力指数–新兴产业上市公司数量指标分析

图5-7展示了城市新兴产业上市公司数量排名历年前50名城市的趋势。在4个直辖市中，北京

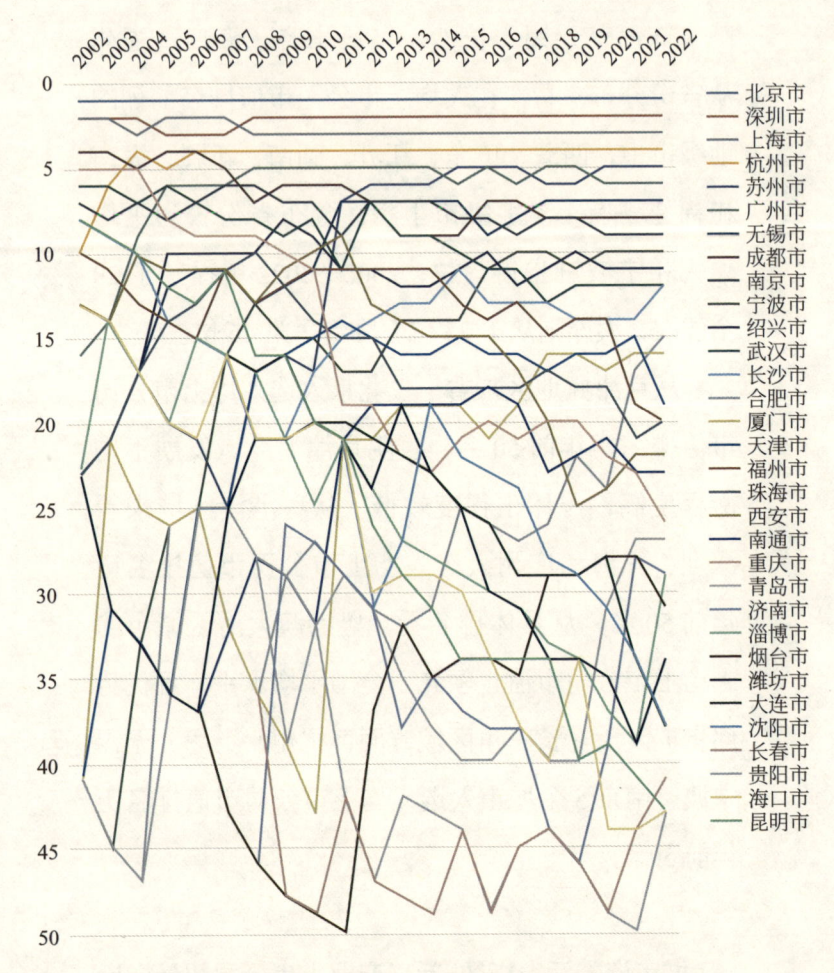

图 5-7 城市新兴产业上市公司数量排名历年前 50 名的城市趋势

和上海的新兴产业上市公司数量在 2002—2022 年稳定在前 3 位，显示京沪两城产业结构较好，创新能力强。天津的新兴产业上市公司数量排名在此期间基本不变，维持在第 10—20 位，表明天津上市公司产业升级速度较慢。重庆从 2002 年的第 5 位下降到了 2022 年的第 26 位，反映了重庆新兴产业上市公司方面发展缓慢。

在副省级城市中，深圳、杭州、广州、成都、南京、宁波、武汉、厦门、西安、青岛、济南、大连、沈阳、长春这 14 个城市均入选新兴产业上市公司数量排名历年前 50 位，哈尔滨未进入榜单。深圳的新兴产业上市公司数量始终保持着副省级城市第 1 名的地位，杭州的新兴产业上市公司数量排名则从第 10 位上升到了第 4 位。其他副省级城市在这 21 年间的排名相对稳定。

在地级市中，新兴产业上市公司数量排名前 10 的分别是苏州、无锡、绍兴、长沙、合肥、福州、珠海、南通、淄博和烟台。从省份分布来看，新兴产业上市公司数量排名前 10 的地级市，江苏有 3 个地级市上榜，山东有 2 个地级市上榜，浙江、湖南、安徽、福建和广东各有1个地级市上榜。表明江苏和山东的一些城市新兴产业上市公司数量多，城市的创新能力强。苏州在新兴产业上市公司数量上排名提升得最快，2022年排在第5位，沈阳的新兴产业上市公司数量排名下降幅度最大。

从京津冀区域来看，仅北京和天津进入新兴产业上市公司数量排名历年前50位。从粤港澳区域来看，深圳、广州和珠海等城市进入新兴产业上市公司数量排名历年前50位。从长三角区域来看，上海、杭州、苏州、无锡、南京、宁波、绍兴和南通这8个城市进入新兴产业上市公司数量排名历年前50位。上海稳定在前3位，杭州在这21年间从第10位提升至第4位。总体上，长三角新兴产业发展程度高，创新能力强。

城市资本活力指数-新兴产业上市公司市值指标分析

图5-8展示了城市新兴产业上市公司市值排名历年前50名城市的趋势图。在4个直辖市中，北京和上海的新兴产业上市公司市值在21年间稳定

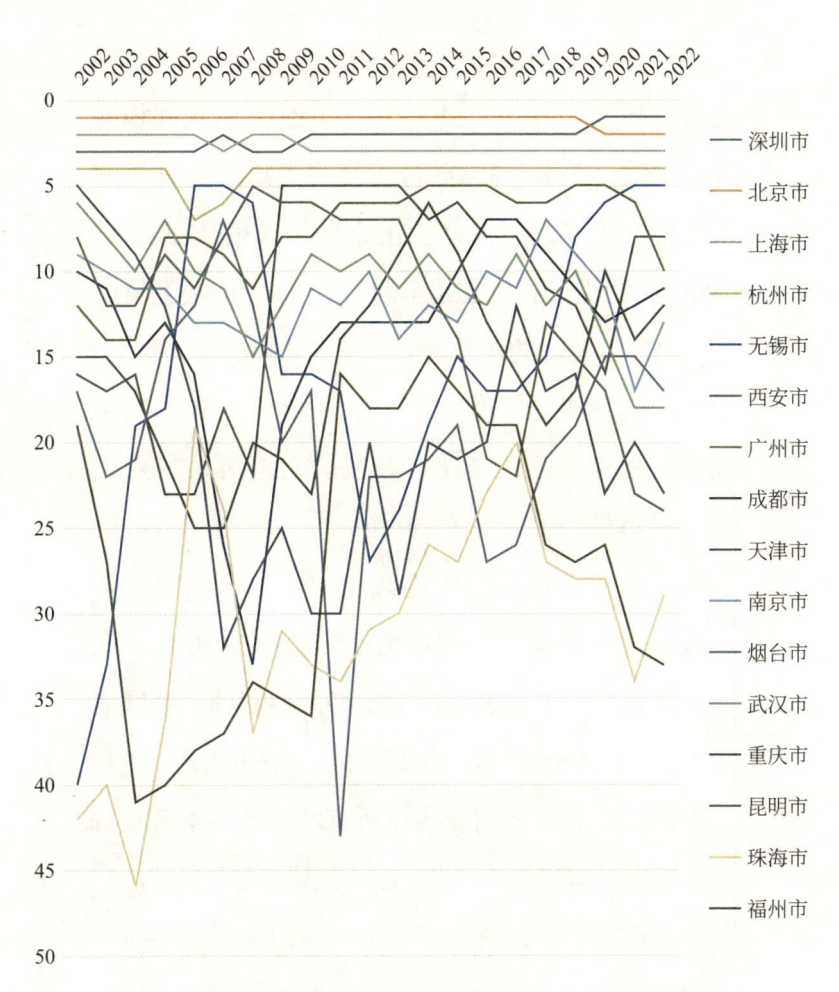

图 5-8 城市新兴产业上市公司市值排名历年前 50 名的城市趋势

第五章 中国城市资本活力指数

在前3位，显示京沪产业结构较好，创新能力强。天津的新兴产业上市公司市值排名在21年间相对稳定，维持在第10—25位，表明天津产业升级速度较慢。重庆的新兴产业上市公司市值从2002年的第5位下降到了2022年的第23位，反映了重庆在新兴产业方面的发展滞后于其他城市。

在副省级城市中，深圳、杭州、西安、广州、成都、南京、武汉这7个城市均入选新兴产业上市公司市值排名历年前50位。宁波、厦门、济南、长春、青岛、沈阳、大连和哈尔滨这8个城市未进入新兴产业上市公司市值排名历年前50位。深圳的新兴产业上市公司市值始终保持着副省级城市第1名、所有城市前3名的地位，杭州的新兴产业上市公司市值排名则维持在所有城市的第4名左右，其他副省级城市在21年间的排名保持相对稳定。

在地级市中，新兴产业上市公司市值排名前列的分别是无锡、烟台、昆明、珠海和福州。从省份分布来看，在新兴产业上市公司市值排名前列的地级市中，江苏、山东、云南、广东和福建各有1个地级市上榜。无锡进步得最快，从第40位提升到了第5位,但其间也曾有比较大的波折。

从京津冀地区来看,仅有北京和天津进入新兴产业上市公司市值排名历年前50位。从粤港澳区域来看,深圳、广州和珠海等城市进入新兴产业上市公司市值排名历年前50位。从长三角区域来看,上海、杭州、无锡和南京这4个城市进入新兴产业上市公司市值排名历年前50位,表明长三角创新能力高,城市群协同度强。上海稳定在全国前3位,杭州在21年间稳定在第4—6位,跟以阿里巴巴为代表的新兴产业上市公司的作用密不可分。

资本市场上的城市发展展望

随着改革开放和经济发展,城市越来越成为我国经济发展的主要载体。随着资本市场发展,在城市中,上市公司也越来越成为城市经济发展的主要载体。本章所展示的城市资本活力指数,提供了相对GDP排名更加重要、更高质量的城市经济发展和竞争力指标,为GDP排名提供了新的增量信息。研究显示,一个城市的竞争力很大程度上体现在

一个城市的竞争力很大程度上体现在其资本活力上。

其资本活力上。可以说，不重视上市公司和资本市场的城市，不能充分发挥好上市公司和资本市场作用的城市，未来没有竞争力。研究资本市场，用好资本市场，充分发挥好资本市场的作用，实现科技、产业与资本市场在城市层面的良性循环，成了城市经济发展和竞争力的关键，也是摆在城市领导者面前的重要课题。

本研究还显示，在排名覆盖的2002—2022年，各城市的资本活力指数综合排名、各分指标排名此起彼伏、此消彼长，呈现出你追我赶的竞争局面。城市间的资本活力竞争，既是我国经济发展的原动力，也带来了城市间的优胜劣汰。一些城市在此过程中锐意改革，不断进取，直至全国领先；另一些城市在此过程中裹步不前，丧失机遇，直至逐渐落后。其中，既有人口和经济活动向沿海地区、向大城市转移的客观规律使然，又或许跟不同城市的主政者实施的制度、政策或营商环境有关。

本研究希望通过客观的海内外上市公司数据，

通过资本规模、资本效率和产业结构三个维度,展现各城市的资本活力及其演变情况,从而揭示GDP排名所不能反映的一个城市真正的、真实的资本力量和经济力量,为相关的中央和地方政策制定,以及营商环境建设提供一定的借鉴参考,也为未来更深入的城市资本活力动因和后果研究抛砖引玉。

附录 5A

表 5A-1 2022 年中国城市资本活力指数和各分指数排行榜
（综合排名前 50 名）

指数综合排名	上市公司数量排名	上市公司市值排名	人均上市公司数量排名	人均上市公司市值排名	新兴产业上市公司数量排名	新兴产业上市公司市值排名
1.北京	1	1	2	1	1	2
2.深圳	3	2	1	2	2	1
3.上海	2	3	5	6	3	3
4.杭州	4	4	4	3	4	4
5.无锡	8	7	7	10	7	5
6.苏州	6	8	9	18	5	7
7.广州	5	5	14	22	6	10
8.宁波	10	9	13	12	10	9
9.南京	7	11	11	14	9	13
10.长沙	11	15	21	24	12	14
11.成都	9	13	27	49	8	11
12.绍兴	14	25	12	23	11	16
13.厦门	11	26	8	19	16	22
14.天津	15	10	42	32	19	12
15.合肥	17	18	24	30	15	15
16.佛山	21	12	28	13	24	46
17.嘉兴	23	21	18	15	24	19
18.西安	25	16	38	29	22	8

（续表）

指数综合排名	上市公司数量排名	上市公司市值排名	人均上市公司数量排名	人均上市公司市值排名	新兴产业上市公司数量排名	新兴产业上市公司市值排名
19.珠海	30	31	6	9	20	29
20.常州	19	29	15	26	17	25
21.武汉	13	22	29	51	12	18
22.福州	22	19	26	34	20	33
23.烟台	26	20	30	28	31	17
24.台州	18	30	19	39	14	21
25.青岛	20	24	37	48	27	42
26.芜湖	51	28	39	17	43	30
27.湖州	32	43	16	31	28	35
28.昆明	35	27	46	37	43	24
29.东莞	24	36	32	65	17	31
30.南通	27	39	34	63	23	28
31.济南	28	33	43	57	29	43
32.重庆	16	17	100	93	26	23
33.乌鲁木齐	41	35	23	25	51	73
34.惠州	49	37	52	42	34	26
35.大连	35	32	47	46	38	76
36.中山	37	45	20	36	43	69
37.淄博	44	49	35	52	29	32
38.海口	45	53	17	27	43	64
39.潍坊	37	40	72	77	34	36

（续表）

指数综合排名	上市公司数量排名	上市公司市值排名	人均上市公司数量排名	人均上市公司市值排名	新兴产业上市公司数量排名	新兴产业上市公司市值排名
40.泉州	30	34	51	64	56	77
41.长春	37	42	55	73	41	44
42.贵阳	48	50	48	56	43	37
43.拉萨	57	72	3	7	54	68
44.金华	33	56	33	67	43	55
45.宁德	122	14	121	5	85	6
46.郑州	29	46	57	98	31	60
47.连云港	74	38	104	41	58	20
48.威海	60	57	44	35	62	40
49.温州	37	54	71	99	31	41
50.沈阳	41	58	60	91	38	54

表 5A-2 中国城市资本活力指数 2022 年上市公司数量前 50 名排行榜

城市	上市公司数量（家）	排名
北京	686	1
上海	576	2
深圳	493	3
杭州	253	4
广州	209	5
苏州	199	6
南京	134	7
无锡	127	8
成都	126	9
宁波	119	10
长沙	82	11
厦门	82	11
武汉	79	13
绍兴	77	14
天津	75	15
重庆	73	16
合肥	71	17
台州	65	18
常州	64	19
青岛	62	20
佛山	61	21
福州	60	22
嘉兴	59	23
东莞	58	24
西安	57	25

（续表）

城市	上市公司数量（家）	排名
烟台	50	26
南通	49	27
济南	48	28
郑州	45	29
珠海	42	30
泉州	42	30
湖州	39	32
金华	38	33
汕头	37	34
昆明	36	35
大连	36	35
中山	34	37
潍坊	34	37
长春	34	37
温州	34	37
乌鲁木齐	33	41
沈阳	33	41
哈尔滨	33	41
淄博	31	44
海口	29	45
南昌	28	46
石家庄	26	47
贵阳	25	48
惠州	23	49
镇江	22	50

*因境外上市数据缺乏完整权威的数据库，手工收集过程中可能存在细微误差。

表 5A-3 中国城市资本活力指数 2022 年上市公司市值前 50 名排行榜

城市	上市公司市值（万亿元）	排名
北京	29.30	1
深圳	15.80	2
上海	11.80	3
杭州	8.54	4
广州	2.73	5
遵义	2.58	6
无锡	2.04	7
苏州	2.03	8
宁波	2.03	9
天津	1.81	10
南京	1.74	11
佛山	1.73	12
成都	1.47	13
宁德	1.39	14
长沙	1.39	15
西安	1.38	16
重庆	1.22	17
合肥	1.09	18
福州	0.98	19
烟台	0.97	20
嘉兴	0.96	21
武汉	0.93	22
宜宾	0.88	23
青岛	0.87	24
绍兴	0.87	25

(续表)

城市	上市公司市值（万亿元）	排名
厦门	0.81	26
昆明	0.81	27
芜湖	0.72	28
常州	0.72	29
台州	0.71	30
珠海	0.64	31
大连	0.64	32
济南	0.64	33
泉州	0.59	34
乌鲁木齐	0.57	35
东莞	0.56	36
惠州	0.53	37
连云港	0.51	38
南通	0.49	39
潍坊	0.48	40
保定	0.47	41
长春	0.41	42
湖州	0.40	43
泸州	0.40	44
中山	0.39	45
郑州	0.39	46
吕梁	0.39	47
石家庄	0.38	48
淄博	0.38	49
贵阳	0.37	50

* 因境外上市数据缺乏完整权威的数据库，手工收集过程中可能存在细微误差。

表 5A-4　中国城市资本活力指数 2022 年人均上市公司数量前 50 名排行榜

城市	人均上市公司数量（家/百万人）	排名
深圳	36.70	1
北京	31.30	2
拉萨	30.40	3
杭州	24.40	4
上海	23.20	5
珠海	20.80	6
无锡	19.30	7
厦门	19.10	8
苏州	18.50	9
阿勒泰地区	16.50	10
南京	15.80	11
绍兴	15.20	12
宁波	13.90	13
广州	13.70	14
常州	13.50	15
湖州	12.70	16
海口	12.50	17
嘉兴	12.30	18
台州	10.60	19
中山	10.10	20
长沙	9.77	21
三亚	9.46	22
乌鲁木齐	9.29	23
合肥	8.67	24
克拉玛依	8.65	25

（续表）

城市	人均上市公司数量（家/百万人）	排名
福州	7.69	26
成都	7.60	27
佛山	7.48	28
武汉	7.05	29
烟台	7.00	30
镇江	6.87	31
东莞	6.85	32
金华	6.76	33
南通	6.70	34
淄博	6.60	35
汕头	6.53	36
青岛	6.53	37
西安	5.59	38
芜湖	5.56	39
兰州	5.54	40
铜陵	5.48	41
天津	5.42	42
济南	5.39	43
威海	5.29	44
山南	5.23	45
昆明	5.18	46
大连	5.14	47
贵阳	5.03	48
南昌	5.00	49
衢州	4.96	50

* 因境外上市数据缺乏完整权威的数据库，手工收集过程中可能存在细微误差。

表 5A-5 中国城市资本活力指数 2022 年人均上市公司市值前 50 名排行榜

城市	人均上市公司市值（万元）	排名
北京	133.58	1
深圳	117.68	2
杭州	82.45	3
海西自治州	58.35	4
宁德	47.82	5
上海	47.65	6
拉萨	41.40	7
遵义	40.97	8
珠海	31.79	9
无锡	30.92	10
阿勒泰地区	24.92	11
宁波	23.75	12
佛山	21.17	13
南京	20.44	14
嘉兴	20.09	15
宜宾	19.34	16
芜湖	19.01	17
苏州	18.93	18
厦门	18.89	19
克拉玛依	18.58	20
新余	18.38	21
广州	17.80	22
绍兴	17.11	23
长沙	16.57	24
乌鲁木齐	16.14	25

(续表)

城市	人均上市公司市值（万元）	排名
常州	15.17	26
海口	14.92	27
烟台	13.64	28
西安	13.56	29
合肥	13.30	30
湖州	13.11	31
天津	13.10	32
黄石	12.82	33
福州	12.59	34
威海	11.73	35
中山	11.63	36
昆明	11.59	37
呼和浩特	11.54	38
台州	11.47	39
包头	11.27	40
连云港	11.26	41
惠州	10.87	42
龙岩	10.53	43
吕梁	9.90	44
玉溪	9.35	45
大连	9.17	46
泸州	9.15	47
青岛	9.13	48
成都	8.88	49
乌海	8.52	50

* 因境外上市数据缺乏完整权威的数据库，手工收集过程中可能存在细微误差。

表 5A-6　中国城市资本活力指数 2022 年新兴产业上市公司数量前 50 名排行榜

城市	新兴产业上市公司数量（家）	排名
北京	363	1
深圳	303	2
上海	254	3
杭州	131	4
苏州	130	5
广州	91	6
无锡	79	7
成都	72	8
南京	63	9
宁波	57	10
绍兴	46	11
长沙	43	12
武汉	43	12
台州	40	14
合肥	38	15
厦门	36	16
常州	35	17
东莞	35	17
天津	34	19
珠海	31	20
福州	31	20
西安	30	22
南通	29	23
嘉兴	25	24
佛山	25	24

（续表）

城市	新兴产业上市公司数量（家）	排名
重庆	24	26
青岛	23	27
湖州	20	28
淄博	19	29
济南	19	29
烟台	17	31
郑州	17	31
温州	17	31
汕头	16	34
惠州	16	34
潍坊	16	34
石家庄	16	34
大连	15	38
南昌	15	38
沈阳	15	38
长春	14	41
哈尔滨	13	42
海口	12	43
中山	12	43
镇江	12	43
金华	12	43
芜湖	12	43
昆明	12	43
贵阳	12	43
泰州	12	43

* 因境外上市数据缺乏完整权威的数据库，手工收集过程中可能存在细微误差。

表 5A-7　中国城市资本活力指数 2022 年新兴产业上市公司市值前 50 名排行榜

城市	新兴产业上市公司市值（百亿元）	排名
深圳	942.00	1
北京	924.00	2
上海	481.00	3
杭州	214.00	4
无锡	172.00	5
宁德	139.00	6
苏州	129.00	7
西安	107.00	8
宁波	94.70	9
广州	93.60	10
成都	87.50	11
天津	83.80	12
南京	83.60	13
长沙	74.90	14
合肥	72.00	15
绍兴	69.70	16
烟台	58.80	17
武汉	53.70	18
嘉兴	52.60	19
连云港	48.60	20
台州	45.80	21
厦门	45.10	22
重庆	44.60	23
昆明	43.20	24

（续表）

城市	新兴产业上市公司市值（百亿元）	排名
常州	43.20	25
惠州	41.70	26
洛阳	35.30	27
南通	34.50	28
珠海	33.40	29
芜湖	32.70	30
东莞	31.20	31
淄博	27.60	32
福州	27.50	33
漳州	26.90	34
湖州	26.70	35
潍坊	25.40	36
贵阳	22.60	37
荆州	22.40	38
玉溪	22.30	39
威海	22.10	40
温州	21.80	41
青岛	21.80	42
济南	21.60	43
长春	20.90	44
新余	20.30	45
佛山	19.40	46
包头	19.20	47
唐山	18.30	48
黄石	17.60	49
株洲	17.00	50

*因境外上市数据缺乏完整权威的数据库，手工收集过程中可能存在细微误差。

表 5A-8 城市资本活力指数指标体系及计算方法

资本活力指数综合得分=	资本规模得分（50%）=	上市公司数量得分 ×1/3
		上市公司市值得分 ×2/3
	资本效率得分（25%）=	人均上市公司数量得分 ×1/3
		人均上市公司市值得分 ×2/3
	产业结构得分（25%）=	新兴产业上市公司数量得分 ×1/3
		新兴产业上市公司市值得分 ×2/3
资本活力指数综合排名	=各城市的资本活力指数综合得分从小到大排序	
上市公司数量得分	=截至上年年末该城市的上市公司数量排名数值	
上市公司总市值得分	=截至上年年末该城市的上市公司总市值排名数值	
人均上市公司数量得分	=截至上年年末该城市的人均上市公司数量排名数值	
人均上市公司市值得分	=截至上年年末该城市的人均上市公司市值排名数值	
新兴产业上市公司数量得分	=截至上年年末该城市的新兴产业上市公司数量排名数值	
新兴产业上市公司市值得分	=截至上年年末该城市的新兴产业上市公司市值排名数值	

后记一
"大城强城"何来

编制一个指数,以补充城市GDP排行榜,是我长期以来的想法。但一直没能使想法成形,这件事就一直搁置在那里。

2022年上半年上海新冠肺炎疫情反复,实施了长达两个多月的静默管理。待在家里,有足够的时间想问题。从指标体系的设计、选择算法到给指数起名,都没少下功夫。先说起名吧。刚开始,我想,做评价城市经济发展质量的指数,稍微蹭一下热点,就叫"中国城市经济高质量发展指数"吧。然后,我们查了一下是否有重名的。好家伙,一下子涌出来好几个叫高质量发展的指数。这样也好,有了改名的理由。"高质量发展的城市，不就是强城嘛。"不如就叫"中国强城指数"，简洁利落。但"强"总是和"大"联系在一起的，先得有"大"，才能有"强"。尤其对城市经济而言，更是如此，"强"总是建立在一定规模基础上的。这就是"中国大城强城指数"的由来。

至于指标和算法，我是受到了联合国人类发展指数的影响。这些年给MBA（工商管理硕士）学生上"中国宏观经济分析"课程，会讲到GDP指标的局限性，讲到人类发展指数是联合国为对GDP的缺陷进行补充和完善而设计并推出的。要反映各国人类发展这个宏大课题，却只有4个指标。这说明，指标不在于多，而在于是否能够揭示指数的主题，且信息量大。人类发展指数的第一个指标"出生时预期寿命"，其信息量之大，不言而喻。大城强城指数也只有6个平行的指标。指标少了，算法就可以很简单。我们这次将各指标排位相加的算法，在指数值计算中较少采用，但有着公正合理的意涵。

最后，感谢上海交通大学中国发展研究院院长陆铭教授、国家发改委中国城市中心学术委员会秘书长冯奎研究员的指导和支持；感谢搜狐城市资深编辑陈亚辉促成了指数的联合发布；感谢我的研究团队的各位成员，王赟赟、伏开宝、崔婷婷和何雨霖，他们不厌其烦地细致工作，使指数能够在较短时间得以完成。

陈　宪

2022 年 7 月 31 日，于香港西九龙

后记二
用研究展现现实，推进发展

上海交通大学中国发展研究院有一支研究城市和区域经济的学术团队，我们把自己称为"城市酷想家"。我们一直认为，学术的论文要扎实地去做，但与此同时，我们也要用研究来改变现实，参与共同推进国家发展的洪流。

陈宪教授作为研究院的前辈，首先发起了大城强城指数的研究。而其他几个小团队则分别研究了县城的发展、中心城市和外围城市的关系，以及如何用资本市场的信息来综合评价城市发展的质量。我们把几个主题各有差异，又有相互联系的研究成果放在一起，就产生了读者现在所看到的这本书。

中国发展研究院是上海交通大学的一个政策性研究平台，其定位是中国一流、世界知名的智库，依托于教授群体和专业团队，服务于政府、企业和社会各界。研究院通过与国内外一流研究机构建立广泛的协同创新机制，致力于为中国社会经济发展提供理论和实践的咨询，为制定公共政策提供研究依据，积极推动建立中国特色的经济学政策研究创新体系。2017年，中国发展研究院入选《中国智库综合评价AMI研究报告（2017）》核心智库榜单，被评为"2017年度中国核心智库"，标志着上海交通大学中国发展研究院已经跻身于中国极为重要的经济政策智库之一，成为国内外在宏观与金融、城乡与区域、产业与创新等领域的重要智库和研究平台。

我们希望研究院的城市和区域研究团队能够多多积累，不断地产生一些研究成果。希望这些成果能够持续为读者们输出一些有价值的观察，而且在数据（包括大数据）方面形成一些积累，为更多、更好的研究打下基础。

本书由团队合力完成，其中第一章作者为陆铭，上海交通大学安泰经济与管理学院教授、中国发展研究院执行院长、中国城市治理研究院研究员。第二章由《中国大城强城指数报告 2022》课题组完成，该课题组由上海交通大学安泰经济与管理学院教授陈宪任首席专家，成员有上海全球城市研究院助理研究员王赟赟、上海交通大学安泰经济与管理学院博士后研究人员伏开宝、上海商学院助理教授崔婷婷和上海科技大学助理研究员何雨霖。第三章作者为上海大学经济学院讲师向宽虎，上海交通大学安泰经济与管理学院特聘教授、中国发展研究院执行院长、中国城市治理研究院研究员陆铭。第四章作者为：李杰伟、赵文悦、梁芊芊、李鹏飞。李杰伟为上海海事大学经济管理学院副教授，赵文悦和梁芊芊为上海海事大学经济管理学院硕士生，李鹏飞为上海交通大学安泰经济与管理学院博士后。第五章由《中国城市资本活力指数报告 2022》课题组完成，该课题组由陈宪、陆铭、国家发改委城市和小城镇中心学术委员会秘书长冯奎任学术顾问，上海交通大学安泰经济与管理学院教授夏立军任首席专家，课题组成员有上海交通大学中国城市治理研究院副研究员俞俊利，上海交通大学安泰经济与管理学院博士生林欢、臧蓉、王泰。同时感谢耿佳莹、何思雅、李语宁、彭佳颖、荣祉翔、史嘉奕、陶一郎、张雅淇的研究助理工作。

在本书即将付梓之际，我们尤其要感谢中信出版社，特别是王律老师的大力支持。也要感谢中国发展研究院的行政团队，为我们的一系列研究提供的帮助。当然，还要特别感谢上海交通大学对于我们的区域经济研究团队的支持。

陆铭，代表全体作者
2022年9月26日

参考文献

第一章

[1] CHEN B K, LU M, ZHONG N H. How urban segregation distorts Chinese migrants' consumption?[J]. World development, 2015(70): 133–146.

[2] 徐灏龙, 陆铭. 求解中国农业困局: 国际视野中的农业规模经营与农业竞争力[J]. 学术月刊, 2021 (6): 58-71.

[3] 陆铭. 向心城市: 迈向未来的活力、宜居与和谐[M]. 上海: 上海人民出版社, 2022.

[4] 钟粤俊, 陆铭, 奚锡灿. 受抑制的服务业: 从人口空间分布看不平衡不充分发展[J]. 管理世界, 2020 (11): 35-47.

第三章

[1] 向宽虎，陆铭.信息技术、新型劳动中介和长三角一体化[J].苏州大学学报（哲学社会科学版），2022（2）：26-36.

第四章

[1] JIA N, ZHONG H Y. The causes and consequences of China's municipal amalgamations: evidence from population redistribution[J]. China & world economy, 2022, 30(4): 174–200.

[2] LI P F, LU M. Urban systems: understanding and predicting the spatial distribution of China's population[J]. China & world economy, 2021, 29(4): 35-62.

[3] 李杰伟，梁芊芊，赵文悦，叶洁娜.第六和第七次人口普查期间人口空间分布变化 [EB/OL]. [2021-11-09]. http://www.profluming.com/.

[4] 李杰伟，陆铭.城市人多添堵？——人口与通勤的实证研究和中美比较[J].世界经济文汇，2018（6）：1-16.

[5] 陆铭.从分散到集聚：农村城镇化的理论、误区与改革[J].农业经济问题，2021（9）：27-35.

[6] 陆铭.向心城市：迈向未来的活力、宜居与和谐[M].上海：上海人民出版社，2022.

[7] 陆铭，贾宁，郑怡林. 有效利用农村宅基地——基于山西省吕梁市调研的理论和政策分析[J]. 农业经济问题，2021（4）：13-24.

[8] 陆铭，李杰伟，韩立彬. 治理城市病：如何实现增长、宜居与和谐？[J]. 经济社会体制比较，2019（1）：22-29，115.

[9] 陆铭，向宽虎，李鹏飞，李杰伟，钟粤俊. 以人民为中心的区域发展战略：新格局、新理论与新路径. 2022.

第五章

[1] SASSEN S. Whose city is it? Globalization and the formation of new claims[J]. Public culture, 1996(8): 205-224.

[2] SASSEN S. Embedding the global in the national: implications for the role of the state[M]//States and sovereignty in the global economy.London: Routledge, 1999: 174-187.

[3] SASSEN S. The global city: New York, London, Tokyo[M]. Princeton: Princeton University Press, 2013.